T0194679

essentials

essentials liefern aktuelles Wissen in konzentrierter Form. Die Essenz dessen, worauf es als „State-of-the-Art" in der gegenwärtigen Fachdiskussion oder in der Praxis ankommt. *essentials* informieren schnell, unkompliziert und verständlich

- als Einführung in ein aktuelles Thema aus Ihrem Fachgebiet
- als Einstieg in ein für Sie noch unbekanntes Themenfeld
- als Einblick, um zum Thema mitreden zu können

Die Bücher in elektronischer und gedruckter Form bringen das Expertenwissen von Springer-Fachautoren kompakt zur Darstellung. Sie sind besonders für die Nutzung als eBook auf Tablet-PCs, eBook-Readern und Smartphones geeignet. *essentials:* Wissensbausteine aus den Wirtschafts-, Sozial- und Geisteswissenschaften, aus Technik und Naturwissenschaften sowie aus Medizin, Psychologie und Gesundheitsberufen. Von renommierten Autoren aller Springer-Verlagsmarken.

Weitere Bände in der Reihe http://www.springer.com/series/13088

Kristin Engelhardt

Interne Kommunikation mit digitalen Medien

Learnings aus der Covid-19-
Krise zu Prozess-Steuerung,
Mitarbeiterführung und
Krisenkommunikation

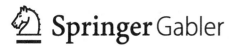

Kristin Engelhardt
engelhardt kommunikation gmbh
Wien, Österreich

ISSN 2197-6708   ISSN 2197-6716   (electronic)
essentials
ISBN 978-3-658-31492-7   ISBN 978-3-658-31493-4   (eBook)
https://doi.org/10.1007/978-3-658-31493-4

Die Deutsche Nationalbibliothek verzeichnet diese Publikation in der Deutschen Nationalbibliografie; detaillierte bibliografische Daten sind im Internet über http://dnb.d-nb.de abrufbar.

Planung/Lektorat: Manuela Eckstein
Springer Gabler ist ein Imprint der eingetragenen Gesellschaft Springer Fachmedien Wiesbaden GmbH und ist ein Teil von Springer Nature.
Die Anschrift der Gesellschaft ist: Abraham-Lincoln-Str. 46, 65189 Wiesbaden, Germany

Was Sie in diesem *essential* finden können

- Hinweise zur Gestaltung und Nutzung digitaler interner Medien
- Anregungen für Zusammenarbeit unter digitalen Vorzeichen
- Kriterien für den richtigen Medienmix
- Tipps für Führungskommunikation in Krisensituationen
- Learnings aus der Corona-Krise für die digitale Mitarbeiterkommunikation

Vorwort

Der Ausbruch der Corona-Pandemie Anfang 2020 bot den Anlass zu diesem *essential;* gemeinsam mit der Erkenntnis, dass digitale Mitarbeitermedien in vielen europäischen Unternehmen noch keineswegs so umfangreich eingesetzt werden, wie es angesichts ihrer Vorteile angebracht wäre. Erst die Covid-19-Krise bewegte viele Unternehmen dazu, intensiver bei digitalen Medien einzusteigen, was eine Reihe neuer Entwicklungen brachte und gleichzeitig manche Grenzen digitaler Kommunikation aufzeigte.

Dieses essential bietet Hinweise zur Nutzung interner digitaler Medien, insbesondere hinsichtlich Führungskommunikation. Krisenkommunikation wird anhand von mehr als 20 Beispielen aus der Covid-19-Krise illustriert und abschließend das Thema Evaluation ausführlich diskutiert.

Beim Werdegang dieses essentials war die Unterstützung von KollegInnen aus Unternehmen/Institutionen besonders wertvoll. Ich möchte ihnen allen sehr herzlich danken: von Attensam Christoph Schneider/Projektmanagement, von den Austrian Airlines Markus Setznagel/Senior PR-Manager Corporate Communications, von der BAWAG P.S.K. Verena Spitz/Vorsitzende Betriebsrat BAWAG P.S.K. Wien, von der Bosch-Gruppe Österreich Sandra Macho/Internal Communication Specialist, von der Unternehmensgruppe Casinos Austria – Österreichische Lotterien Martina Landsmann/Corporate Communications – Abteilungsleiterin Public Relations & Corporate Media, von Coca-Cola HBC Österreich Raphaela Fremuth/External Communications & Public Affairs Manager, von dm drogerie markt Stefan Ornig/Interne & Externe Öffentlichkeitsarbeit, von der Donau-Universität Krems Stefan Sagl/Leiter Kommunikation, Marketing und PR, von der EVN AG Gerald Rücker/Teamleiter Interne Kommunikation, von EVVA Sicherheitstechnologie Martin Mayrhofer/Abteilungsleiter Interne Kommunikation, Human

Resources & Organisationsentwicklung, von Henkel Central Eastern Europe Ulrike Gloyer/Corporate Communications Manager, von Knauf Andreas Bauer/ Unternehmenssprecher, von Magenta Telekom Peter Schiefer/Leiter Unternehmenskommunikation, von Microsoft Österreich Thomas Lutz/Head of Communications, von den ÖBB Sven Pusswald/Leiter Konzernkommunikation und von ÖBB Rail Cargo Group Daniela Lehenbauer/Head of Marketing & Communications, von der Österreichischen Post Miriam Mayer/Interne Kommunikation, von REWE Group Susanne Moser-Guntschnig/Pressesprecherin und Leitung Public Relations, von Sacher Hotels Matthias Winkler/CEO, von Santander Consumer Bank Österreich Daniel Mayr/Assistenz der Geschäftsführung, von Siemens Mobility Austria Michael Braun/Leiter Kommunikation bzw. Konzernsprecher, von der STIWA Group Norbert Langeder/Leiter Kommunikation & Marketing, von der Universität Wien Cornelia Blum/Leitung Kommunikation, von der voestalpine AG Karin Keplinger/Teamleiterin Interne Kommunikation.

Mein Wunsch ist, dass dieses *essential* den Stellenwert Interner Kommunikation weiter untermauert und dazu beiträgt, dass viele Unternehmen und Institutionen noch erfolgreicher Mitarbeiterkommunikation betreiben – zu ihrem Nutzen und zur Freude der MitarbeiterInnen.

Wien   Kristin Engelhardt
im Juli 2020

Inhaltsverzeichnis

Über die Autorin

Kristin Engelhardt, Dr. phil., befasst sich seit fast 40 Jahren mit Interner Kommunikation: zunächst als Gestalterin der Mitarbeiterzeitschrift der Siemens AG Österreich, danach als Agenturinhaberin, die für zahlreiche Mitarbeiterzeitschriften aus unterschiedlichen Branchen verantwortlich zeichnete, Veränderungsprojekte mit internen Kommunikationsmaßnahmen begleitete und selber Medien für Zwecke der Internen Kommunikation entwickelte.

Mit den neuen digitalen Anforderungen für die Interne Kommunikation befasst sich die Autorin seit einigen Jahren sowohl bei der Gestaltung digitaler Medien als auch in Beratungsprojekten. Digitalisierung ist auch immer wieder Thema in dem von ihr geleiteten Round Table für Interne Kommunikation des Public Relations Verbands Austria/PRVA. Zudem ist Kristin Engelhardt seit 2019 Juryvorsitzende bei dem vom PRVA vergebenen Preis für Mitarbeiter-Medien *Die Silberne Feder.*

Im Springer-Verlag erschienen von ihr zwei *essentials:* „Erfolgreiche Interne Kommunikiation im Digital Workplace. Basics und Tools: Social Intranet, Mitarbeiter-App, Mitarbeitermagazin" sowie „Erfolgreiche Mitarbeiterkommunikation für CEOs. Basics und Tools: CEO-Blog, Dialogrunden, Events, Mitarbeiterbeteiligung".

Digitale interne Medien: Prozesse und Führung

Der Bogen digitaler interner Medien reicht von E-Mails über Interne Social Media, Mitarbeiter-Apps, Social Intranet mit Webmagazinen und Blogs bis zu Digital Signage.

1.1 Erreichbarkeit und Funktionalität als Entscheidungskriterien

Der **Digital Workplace** bietet Unternehmensinhalte und betriebliche Anwendungen, personalisierte Informationen und Kommunikationskanäle auf einer Plattform an. Auf Daten und Informationen aus anderen Softwaresystemen wird problemlos zugegriffen (Negelmann 2019). Damit ist der Digital Workplace Ausdruck der Ziele, Vorhaben und Visionen eines Unternehmens. Die digitalen Kommunikationswerkzeuge (De Clercq 2018; Enders 2019; Engelhardt 2019a) geben ein virtuelles Abbild der analogen Organisation.

E-Mails stehen bei einer Reihung nach Verwendungshäufigkeit (Studie von Staffbase und Universität Leipzig, Zerfaß et al. 2020) an erster Stelle, gefolgt von Intranet/Social Intranet (inkl. Interne Social Media), Digital Signage/ Corporate TV, Mitarbeiter-Apps. Eine andere Studie (SCM et al. 2020) nennt – in einer Reihung analoger und digitaler Medien – Mitarbeiterversammlungen an erster Stelle vor Intranet, persönlichen Gesprächen, Office 365, Social Intranet. Danach folgen Newsletter, digitale Mitarbeiterzeitung, Interne Social Media, Schwarzes Brett, Mitarbeiter-App, Digital Signage. Die Wahl des jeweiligen Kommunikationskanals (Zerfaß et al. 2020) richtet sich vor allem nach der Erreichbarkeit und dem Nutzungsverhalten der MitarbeiterInnen sowie medialen

© Der/die Herausgeber bzw. der/die Autor(en), exklusiv lizenziert durch
Springer Fachmedien Wiesbaden GmbH, ein Teil von Springer Nature 2020
K. Engelhardt, *Interne Kommunikation mit digitalen Medien,* essentials,
https://doi.org/10.1007/978-3-658-31493-4_1

Funktionen wie dem Angebot lokaler Inhalte und den Möglichkeiten zur Interaktion.

Mitarbeiter-Apps (Quiply 2020) richten sich meist an MitarbeiterInnen außer Haus (im Vertrieb, in der Logistik, bei Dienstleistungen u.s.f.). Mit ihrer Hilfe können für die Arbeit wichtige Informationen schnell und effizient übermittelt und die Bindung ans Unternehmen verstärkt werden. Vor-Ort-Informationen wie Schicht-/Urlaubspläne, Speisepläne der Kantine sowie Veranstaltungskalender, Gewinnspiele und Umfragen runden das Spektrum des kompakten Tools ab. In Kap. 2 angeführte Beispiele: ÖBB, REWE Group, dm, Attensam, Bosch-Gruppe, voestalpine, Sacher Hotels.

Interne Social Media wie Yammer, Slack, Facebook to Work u.s.f. (Bauer 2018; Fiege 2016) haben insbesondere das Ziel, effizienten Austausch zu ermöglichen, und ersetzen den Großteil bisheriger E-Mail-Informationen. Der überzeugende Vorteil: Informationen zu einem Thema können in Gruppen gesammelt und diskutiert werden. Messengerdienste wie Threema, Telegram oder Signal verfolgen vor allem eine Vereinfachung des Nachrichtenaustauschs (IONOS 2019).

Das **Social Intranet** unterscheidet sich von Mitarbeiter-Apps (Hirsch 2019; Reichlin 2020) vor allem durch den Umfang der gebotenen Informationen. Im Intranet sollten sich alle für die Arbeit erforderlichen Informationen eines Unternehmens finden; von Kontaktdaten, Organigrammen und Basisdaten des Unternehmens bis zu Informationen der Personalabteilung, Social Benefits, Qualitäts-Richtlinien, IT-Helpdesk und diversen für die Arbeit notwendigen Dokumenten und Datenbanken.

Webmagazine bzw. Blogs ersetzen gedruckte Mitarbeiterzeitschriften. Sie dienen vor allem der Vermittlung von Strategien, Hintergrundberichten und von wertschätzenden, motivierenden Storys.

Corporate TV/Digital Signage bietet über Bildschirme im Entrée des Unternehmens, in der Kantine oder in Besprechungs- und Teamräumen Bewegtbild- oder Standbild-Informationen (Videos zu Unternehmensbereichen, Produkten oder Projekten sowie Mitarbeiterporträts und CEO-Interviews oder kurze Textinformationen mit Fotos/Videos).

Responsive Design ist für Intranet, Interne Social Media und Mitarbeiter-Apps selbstverständlich, damit der Zugriff von überall her (Desktop, Tablet, Mobiltelefon) erfolgen kann.

Cyber Security: Angesichts der steigenden Mobilität gewinnen die Anbindung an die Unternehmensinfrastrukur (VPN/Virtual Private Network und/oder Cloud-Lösung) und Cyber Security immer mehr an Bedeutung (Kofler et al. 2020; Vogt 2019; Dzioblowski 2020).

Externe Social Media haben in zweierlei Hinsicht Bedeutung für die Interne Kommunikation: einmal, weil die darin verbreiteten Informationen in die Unternehmenswelt hineinwirken und die in den internen Medien verbreiteten Nachrichten konkurrieren. Zum anderen bedarf der Umgang mit externen Social Media klarer Vereinbarungen zu den Fragen: Wer darf posten? Und welche Regeln gilt es dabei zu beachten? (Miles und Mangold 2014; Mertinz 2020).

> **Digitale interne Medien: Wirkungsweise und Gestaltungsaspekte**
>
> - **Interaktion:** MitarbeiterInnen können sich selbst in Kommentaren/ Chats und mit Ideen einbringen, tun dies aber meist nur zögerlich. Gewinnspiele können Lust wecken oder ein „Botschafter" animiert die KollegInnen mitzumachen (Engelhardt 2020). Umfrage-Tools vereinfachen das Einholen von Mitarbeiter-Feedback (Zerfaß et al. 2020).
> - **MitarbeiterInnen gestalten mit:** Abgesehen von Kommentaren und Chats fördern es viele Unternehmen, wenn MitarbeiterInnen selbst Beiträge gestalten (Zerfaß et al. 2020). Das Problem dabei: MitarbeiterInnen sind nicht unbedingt „Schreibkönner" oder „Foto-Profis". Dazu kommt die Frage, wie mit Grammatik- und Rechtschreibfehlern umzugehen ist (Klein 2020). Mittlerweile hat es sich bewährt, klare Grenzen festzulegen, welche Inhalte von der Kommunikationsabteilung und der Personalabteilung oder anderen Abteilungen produziert werden und welche Beiträge einzelne MitarbeiterInnen gestalten.
> - In ihrer **Aktualität** sind digitale Medien Printmedien oder Face-to-Face-Maßnahmen überlegen. Das setzt gleichzeitig laufende Betreuung voraus: Es gilt, bisherige Informationen zu verwalten (also allenfalls umzugruppieren und zu aktualisieren) und zu beobachten, welche Kommentare, Posts eingehen, wo Diskussionen entstehen, und darauf mit Stellungnahmen zu reagieren. Auch hier ist es sinnvoll, klare Zuständigkeiten und Reaktionstermine festzulegen.
> - **Individualisierte Informationen:** Informationen können individuell verteilt und mit individuellen Auswahlkriterien (persönliche Profile) abgerufen werden.
> - **Große Datenmengen** können angeboten werden (vor allem im Intranet). Präsentationen, Fotosammlungen, Videos, Podcasts, Blogs, Newsletter oder Webmagazine – alles ist möglich und wird von den Usern gefordert.

- **Effizienzsteigerung & Projektmanagement:** Die Vereinfachung von Kommunikationswegen (Enterprise Messenger statt Mails), die Verkürzung zahlreicher Abläufe (Terminvereinbarungen, Krankenstands-/Urlaubsmeldungen, Mitfahrzentrale u.s.f. in Mitarbeiter-Apps) und die digitale Unterstützung von Projektzusammenarbeit verschlanken den administrativen Aufwand und helfen Kosten sparen.
- **Big Data & Wissensmanagement:** Wertvolle Daten können durch die verbesserte Vernetzung von MitarbeiterInnen und Abteilungen besser analysiert und genutzt werden.
- **Globale Zusammenarbeit** wird dank Projektmanagement und Vernetzung aller MitarbeiterInnen im Konzern selbstverständliche Realität (Fleischmann 2019; Herzfeldt und Sackmann 2019); mitsamt Übersetzungen in Fremdsprachen (z. B. Bosch-Zünder Online und voestalpine-Intranet sowie Bosch-Zünder Print und voestalpine-Mitarbeiterzeitschrift „myMagazine" in zehn Sprachen) (Felsbach 2018; Gaibrois 2018; Meyer 2020).
- **Mehrkanalstrategie:** Digitale Medien sind keine Insellösungen. Sie müssen miteinander verlinkt werden, um sich wechselseitig zu befördern.
- **Usability und Struktur** wirken sich auf das Nutzungsverhalten aus (Erlhofer und Brenner 2019; Jacobsen und Meyer 2019; Queirós und Pacheco da Rocha 2019).
- **Videoconferencing-Tools** ermöglichen Meetings von Personen, die räumlich weit voneinander entfernt sind und helfen dadurch Kosten (für Reisen) sparen. Tatsächliches Face-to-Face-Erleben können sie nicht komplett ersetzen.
- **Storytelling** als wichtiges Werkzeug zur motivierenden und überzeugenden Gestaltung von Themen – um Zusammenhänge aufzuzeigen und Verständnis zu wecken sowie Emotionen hervorzurufen – hat seinen Platz in Webmagazinen und Blogs (Ettl-Huber 2016; Zerfaß et al. 2020).
- **Fotos, Grafiken und Videos** sind bestimmende Elemente. Texte treten demgegenüber zurück (Böhringer et al. 2014; Hajduk und Zowislo-Grünewald 2019).
- **Podcasts** für MitarbeiterInnen (im Intranet oder in Mitarbeiter-Apps via PC oder iPhones abzuspielen) zeichnen sich im Jahr 2020 als neuer, interessanter Trend ab (Vassilian 2018; Bhattacharjee 2019; Schreyer 2019).

- **Gamification** ist eine oft noch unterschätzte Möglichkeit. „Spiele" können zum Beispiel Verkaufswettbewerbe befördern oder das Sammeln von Verbesserungsideen unterstützen. Außerdem machen Gewinnspiele/ Wettbewerbe bei den MitarbeiterInnen Lust auf intensivere Nutzung der digitalen Medien und verstärken die Motivation im Allgemeinen (Sailer 2016; Stieglitz et al. 2017; Strahringer und Leyh 2017).
- **Motivation:** Digitale Medien kommen dem gängigen Mediennutzungs-verhalten entgegen (Statista 2020; Zerfaß et al. 2020).

Analoge interne Medien

- Eine **gedruckte Mitarbeiterzeitschrift** (Engelhardt 2019a) überzeugt durch das haptische Erleben und mit ausführlichen Interviews und in Storytelling-Manier geschriebenen Leistungsberichten und Mitarbeiter-porträts. Manchmal werden gedruckte Mitarbeiterzeitschriften – als Ausnahmelösung – 1:1 digital „übersetzt". Eine Kombination von Print und Online wie z. B. bei Bosch ist auch möglich (Engelhardt 2019c; Meyer 2020).
- **Plakate, Wandzeitungen, Flyer und Folder** (Engelhardt 2019a) dienen als zusätzliche Multiplikatoren zu bestimmten Themen und sprechen dabei vor allem MitarbeiterInnen an, die keinen Zugang zum digitalen Unternehmensnetzwerk haben.
- **Face-to-Face-Aktivitäten** (Engelhardt 2019b) können nur partiell digital nachgebildet werden. Das persönliche Gespräch (bei Dialog-runden mit dem CEO und anderen Meetings) und das Event-Erlebnis bei Jubiläumsfeiern, Tagen der offenen Tür, Roadshows oder Come-Together-Partys hinterlassen stärkere Eindrücke.

1.2 Medienmix

Vier Schwerpunkte bestimmen die Auswahl der Medien/Maßnahmen für die Interne Kommunikation:

Digitale Medien befördern vor allem die arbeitsbezogene Information und Kommunikation. Es gilt zu entscheiden, ob ein Social Intranet mit

Mitarbeiter-App oder mit Internen Social Media die richtige Lösung ist oder ob alle Varianten digitaler Medien eingesetzt werden. Bei kleinen Unternehmen können eine Mitarbeiter-App oder Interne Social Media ausreichend sein. E-Mails sind nach wie vor wichtiges Kommunikationsinstrument.

Führungskommunikation betrifft einerseits die Botschaften und den Dialog des CEO, andererseits die Kommunikationsbedürfnisse aller nachgelagerten Führungsebenen. Während bei ersterem – abgesehen von Video- und Text-Botschaften – vor allem Events eine Rolle spielen, sind es bei den nachgereihten Führungsebenen insbesondere Kommunikationswerkzeuge zur Unterstützung der Führung im Team.

Mitarbeiterbeteiligung sollte bei der Planung interner Kommunikationsmaßnahmen nicht zu kurz kommen: mit Ideenmanagement, Awards und Wettbewerben sowie Mitgestaltungsmöglichkeiten. Weil das Know-how der MitarbeiterInnen wertvoll ist und Mitsprache motiviert.

Storytelling in Geschichten, die Vision und Werte des Unternehmens illustrieren, Strategien und Ziele ausführlich beleuchten und verständlich machen sowie Respekt und Wertschätzung für die MitarbeiterInnen zeigen, muss einen wesentlichen Raum bei der Gestaltung interner Medien einnehmen. Die Wahl des geeigneten Mediums dafür reicht von gedruckter Mitarbeiterzeitschrift über Webmagazin und Blog bis zu Corporate TV, Podcasts und Wandzeitungen. Storytelling bewirkt Mitarbeitermotivation. Es ist die Voraussetzung, dass MitarbeiterInnen als Botschafter nach außen wirken können (Ettl-Huber 2016; Sammer 2019).

Evaluation sollte selbstverständlicher Bestandteil Interner Kommunikation sein; mit regelmäßigen Mitarbeiterumfragen. Digitale Umfrage-Tools (Roth und Joos 2019) sind hier sehr nützlich.

1.3   Digital führen: mediale Herausforderungen

Der Bogen der digitalen Medien, die von Führungskräften souverän genutzt werden sollten, reicht von E-Mails über Posts, Blogs und Videobotschaften bis hin zu Videoconferencing.

1.3.1   E-Mails und Posts

Bei E-Mails sind – obwohl diese schon längst bewährte Kommunikationsform sind – häufig formale Fehler zu beobachten (nicht zu reden von Rechtschreib-

und Grammatikfehlern) (Spaetgens 2013; Meier 2014; Schmitt 2017). Bei Yammer, Slack & Co. hingegen haben Führungskräfte bisweilen Berührungsängste, mit gutem Beispiel voranzugehen. In dieser Hinsicht vorbildliche Chefs finden sich vor allem bei Technik-affinen Unternehmen (Mickeleit 2012; Engelhardt 2019a).

1.3.2   CEO-Botschaften: Blogs, Videos, Mitarbeiterbriefe

Noch schwierigeres Terrain tut sich auf, wenn es um ausführliche persönliche Botschaften geht, also um regelmäßige Blogs in Text- oder Videoform. Authentizität ist hier das A & O, gepaart mit einer überzeugenden Themenplanung, die die Unternehmensstrategien transparent macht (Engelhardt 2019b). Videostatements der CEOs/des Managements wurden in der Covid-19-Krise verstärkt eingesetzt. Mitarbeiterbriefe (die per Mail versandt werden) zu herausragenden Ereignissen im Unternehmen haben daneben weiterhin ihren Platz; auch in der Covid-19-Krise (z. B. voestalpine).

1.3.3   Wenn der CEO spricht: digitale Events

Wesentliche Kommunikationsplattform des CEO sind Events. Seine Ansprache ist Kernelement von Kickoff-Veranstaltungen, Roadshows, Tagen der offenen Tür, Jubiläumsfeiern. Andere Face-to-Face-Events wie Come-Together-Veranstaltungen, Weihnachtsfeiern und Betriebsausflüge dienen vor allem der persönlichen Kontaktpflege und wieder andere stellen eine Mischung aus Information und Kommunikation dar (BeHealthy-Wochen, Outdoor-Programme mit Selbsterfahrungselementen) (Engelhardt 2019b). Die Anwesenheit des CEO und anderer Manager gibt bei allen Events MitarbeiterInnen die Möglichkeit, mit den Chefs in Kontakt zu treten – abgesehen von der Gelegenheit, sich zwanglos mit KollegInnen auszutauschen.

Die Covid-19-Krise hatte eine Umwandlung vieler dieser Face-to-Face-Events in digitale Formate zur Folge: mithilfe von Teams Live Events, Zoom oder anderen Videoconferencing-Apps (Birrer 2020; Schasche 2020) und mit Q&A-Plattformen wie z. B. sli.do (Capterra 2020). Fragen-Antworten-Runden des CEO fanden virtuell statt (z. B. Austrian Airlines, Coca-Cola, Siemens, Magenta Telekom, s. Abb. 1.1).

Abb. 1.1 Magenta-Talk: CEO Andreas Bierwirth stellt sich via Videoconferencing den Fragen der MitarbeiterInnen. V. l. n. r.: Christian Traunwieser/Magenta-Talk-Moderator und Mitarbeiter der Unternehmenskommunikation, Peter Schiefer/Leiter Unternehmenskommunikation, Sabine Bothe/Geschäftsführerin Human Resources. (Mit freundlicher Genehmigung von Magenta Telekom 2020. All Rights Reserved)

1.4   Digital führen: neue Formen der Zusammenarbeit

Die Umsetzung von Change-Prozessen liegt stets vor allem bei den nachgelagerten Führungsebenen – so auch in der Covid-19-Krise, die zusätzlich veränderte digitale Kommunikationsbedingungen mit sich brachte.

1.4.1   Videoconferencing

Mitarbeiterführung wird wesentlich erschwert, wenn bei Video-/Telefonkonferenzen (Stiftung Warentest 2020) die persönliche Kommunikationsebene wegfällt (Comelli 2014; Von Rosenstiel et al. 2014; Häring und Litzcke 2017; Föhr 2019; Triest 2019; Seibel 2020). Sie sind nützliche Alternativen zu Face-to-Face-Besprechungen und helfen Reisekosten sparen (Barlow et al. 2002; Rhodes 2017). Aber sie weisen Nachteile gegenüber persönlichen

Zusammentreffen auf: Körpersprache und andere atmosphärische Elemente werden nicht wahrgenommen. Emotionale Elemente wie der kreative Plausch neben der Kaffeemaschine entfallen (Kleinberger 2019), und auflockernde Aktivitäten wie Stuhlkreis-Workshops, Walk-and-Talk-Besprechungen und Stand-up-Meetings sind nicht möglich.

Bei Web-Meetings gilt es also, Smalltalk und Raum für Persönliches einzuplanen. Zum Beispiel mit Vorstellungsprofilen, in denen Fotos von Hobbys oder Selfmade-Videos als „Blitz-Porträt" eingebaut sind. Zur Auflockerung kann ein gemeinsames Bewegungsprogramm „Körperteil-Blues" dienen (Schäffer 2020). Außerdem kann Humor hilfreich sein, wie z. B. mit einer „Tassen-Challenge" unter dem Motto: Wer hat die schönste/lustigste Kaffeetasse? Daneben kann auch eine Einladung zu einem digitalen Team-Event (virtuelles Mittagessen/After-Work-Drink, Motto-Team-Meeting) oder zu einem virtuellen Spieleabend oder einer Koch-Challenge erfolgen (Herch 2017; Chaudhuri und Appelt 2020; Schäffer 2020). Die MitarbeiterInnen der für dieses Buch befragten Unternehmen waren beim Erfinden virtueller „Ersatzkommunikation" äußerst kreativ.

1.4.2   Mitarbeiter-Feedback digital

Mitarbeitergespräche lassen sich auch mithilfe von Skype durchführen. Dialogrunden hingegen bekommen digital eine unpersönliche Dimension, die nicht bezweckt ist. Andere, digitale Formen von Mitarbeiter-Feedback können als Ersatz dienen: Die MitarbeiterInnen können z. B. ihre Fragen im Intranet stellen und der CEO bzw. Bereichsleiter beantwortet diese (Engelhardt 2019b).

1.4.3   Ideenmanagement digital

Ideen und Verbesserungsvorschläge der MitarbeiterInnen haben zu jeder Zeit, gerade aber in Zeiten digitaler Veränderung, besonderes Gewicht. Betriebliches Vorschlagswesen und Kontinuierlicher Verbesserungsprozess arbeiten bereits seit langem mit digitaler Unterstützung. Wettbewerbe und Awards zur Auszeichnung guter Ideen können mithilfe von digitalen Abstimmungstools gut durchgeführt werden.

„Ideenwerkstätten" oder „Innovation Hubs", die dazu dienen, im persönlichen Austausch Innovationen zu entwickeln, brauchen hingegen digitale Alternativen (wie z. B. digitale Barcamp-Formate) oder einen virtuellen spielerischen Zugang, in dem die Teilnehmer eventuell aufgefordert werden, die Rolle eines Superhelden oder Formel 1-Analysten zu übernehmen. Mit Fragen wie: Was hat gebremst? Was hat angetrieben? (Schäffer 2020).

1.4.4 E-Learning

Die Entwicklung von E-Learning reicht bis in die 1990er-Jahre zurück. Dementsprechend sind die Methoden der Wissensvermittlung mittlerweile äußerst vielfältig und gut erprobt (Thillosen und Zimmer 2018; Häfele und Maier-Häfele 2020; Wieschowski 2020).

1.4.5 Homeoffice

Die Covid-19-Krise brachte die Bewährungsprobe für flächendeckende Homeoffice-Arbeit und die Bereitschaft, ihre Vorteile stärker zu nutzen (Einsparen von Büroflächen und flexiblere Arbeitssituationen für die MitarbeiterInnen) (Kontio 2017; Trawnicek 2019; Wasle 2020). Homeoffices haben aber – abgesehen von arbeitsrechtlichen, organisatorischen, technischen und ergonomischen Aspekten – auch Auswirkungen auf die Führungsverantwortung (Müller 2018; Beck 2019; Bruhn 2020; Frett 2020; Gräfen 2020; Landes et al. 2020). Die Leistungsbeurteilung von Homeoffice-Arbeit erfolgt ergebnisorientiert, was Vertrauen voraussetzt. Die Grenze zwischen Arbeit und Privatleben kann im Homeoffice leicht verschwimmen. Über- oder Unterforderung, Vereinsamung und Mangel an persönlicher Zuwendung können nun zum Thema werden. Auch Teamgeist und Unternehmensbindung leiden. Als größter Mangel wurde in der Covid-19-Krise das Zuwenig an Kommunikation angeführt (Wolf 2020). Vorgesetzte sollten die Häufigkeit der Kontakte mit den MitarbeiterInnen (via Interne Social Media, Videoconferencing) erhöhen und gute Dokumentationen (für Rückfragen) bereitstellen (Jacobs und Seifert 2020). Das Entwickeln neuer kreativer Formen der Zusammenarbeit sowie ein Abschied von Top-down-Informationsmentalität sind angebracht. Offenheit und Transparenz sowie Zuhören, Lob und Wertschätzung sind noch einmal so wichtig – vor allem angesichts der Erkenntnis, dass Wertschätzung mithilfe digitaler Kanäle nur schwer vermittelbar ist (Zerfaß et al. 2020).

Literatur

Barlow J, Peter P, Barlow L (2002) Smart Videoconferencing Berrett-Koehler Publishers, San Francisco New Habits for Virtual Meetings

Bauer I (2018) Slack-Alternativen – Die 5 besten Team-Messenger. https://www.heise. de/tipps-tricks/Slack-Alternativen-Die-5-besten-Team-Messenger-4233366.html Zugegriffen: 4. Mai 2020

Beck R (2019) Home-Office: Erfolgreich von zu Hause arbeiten. Junfermann Verlag, Paderborn

Bhattacharjee S (2019) Der Mitarbeiter-Podcast: intelligentes Tool für deine interne Kommunikation. https://www.aleksundshantu.com/insight/mitarbeiter-podcast-interne-kommunikation-mitarbeiterzeitung/ Zugegriffen: 6. Mai 2020

Birrer R (2020) Productivity News vom 1.1.2020: Microsoft Teams Live Events. https:// blog.ioz.ch/microsoft-teams-live-events/ Zugegriffen: 6. Mai 2020

Böhringer J, Bühler P, Schlaich P, Sinner D (2014) Kompendium der Mediengestaltung. Band I: Konzeption und Gestaltung, 6. Aufl., Springer, Berlin

Bruhn P (2020) Homeoffice und mobiles Arbeiten im Team effektiv umsetzen. Praxisratgeber: Remote Work und Heimarbeitsplatz technisch schnell einrichten. Springer Gabler, Wiesbaden

Capterra (Hrsg) (2020) Die besten Slido Alternativen – Capterra Deutschland 2020. https:// www.capterra.com.de/alternatives/154051/slido Zugegriffen: 6. Juni 2020

Chaudhuri O, Appelt J (2020) Webinar am 28. April 2020 bei SCM – School for Communication and Management, Berlin

Comelli G (2014) Führung durch Motivation: Mitarbeiter für die Ziele des Unternehmens gewinnen. 5. Aufl., Vahlen, München

De Clercq I (2018) #Vernetzt arbeiten: Soziale Netzwerke in Unternehmen. Frankfurt Allgemeine Buch, Frankfurt am Main

Dzioblowski R (2020) Genug Kapazitätsreserven. Horizont 20-21:12

Enders N (2019) Collaboration mit Office 365: Modern Workplace. Konzepte, Werkzeuge und Lösungen. Rheinwerk Verlag, Bonn

Engelhardt K (2019a) Erfolgreiche Interne Kommunikation im Digital Workplace. Basics und Tools: Social Intranet, Mitarbeiter-App, Mitarbeitermagazin. Springer-Gabler, Wiesbaden

Engelhardt K (2019b) Erfolgreiche Mitarbeiterkommunikation für CEOs. Basics und Tools: CEO-Blog, Dialogrunden, Events, Mitarbeiterbeteiligung. Springer-Gabler, Wiesbaden

Engelhardt K (2019c) 100 Jahre Bosch-Zünder. https://prva.at/itrfile/_1_/ac006a29b45bb3 9502c272be855a6575/Bericht%20100%20Jahre%20Bosch-Zünder.pdf Zugegriffen: 6. Mai 2020

Engelhardt K (2020) Yammer und Videos bei Henkel Austria und Austrian Airlines. https:// prva.at/itrfile/_1_/b687351377e02dabe107b6ff41e7dd1e/Henkel.pdf Zugegriffen: 6. Mai 2020

Erlhofer S, Brenner D (2019) Website-Konzeption und Relaunch. Planung, Optimierung, Usability. Das Handbuch für die Praxis. 2. Aufl., Rheinwerk, Bonn

Ettl-Huber S (2016) Storytelling in der Internen Kommunikation. Merkmale, Wirkung, Anwendungsfelder, strategische Verankerung. Springer, Berlin

Felsbach P (2018) voestalpine-Mitarbeitermagazin feiert 70-jähriges Jubiläum mit umfang-
    reichem Relaunch. https://www.voestalpine.com/group/static/sites/group/.downloads/
    de/presse/2018-01-24-voestalpine-mitarbeitermagazin-feiert-70-jaehriges-jubilaeum-
    mit-umfangreichem-relaunch.pdf Zugegriffen: 12. Juni 2020
Fiege W-D (2016) Die besten Social-Enterprise-Tools. https://www.hosteurope.de/blog/
    social-enterprise-tools/ Zugegriffen: 4. Mai 2020
Fleischmann C (2019) Internationale und interkulturelle Mitarbeiterkommunikation. In:
    Einwiller S, Sackmann S A, Zerfaß A (Hrsg) Handbuch Mitarbeiterkommunikation:
    Interne Kommunikation in Unternehmen. Springer Gabler, Wiesbaden
Föhr T (2019) Moderationskompetenz für Führungskräfte. Methoden und Mindsets für
    Meetings mit Partizipation, Eigenverantwortung und Kreativität. ManagerSeminare Ver-
    lag, Bonn
Frett B (2020) Praxisguide Homeoffice: Was Arbeitgeber wissen sollten – Organisation,
    Arbeitszeiterfassung, Fallstricke und mehr. Redline Verlag, München
Gaibrois C (2018) Verpasste Informationen, beeinträchtigter Wissensaustausch und
    Motivationsverlust: Was Mehrsprachigkeit in Organisationen für die interne
    Kommunikation bedeutet. In: Jecker C (Hrsg) Interne Kommunikation: Theoretische,
    empirische und praktische Perspektiven. Herbert von Halem Verlag, Köln, S 146 – 163
Gräfen H (2020) Microsoft Teams: Praxis-Handbuch – Kommunikation, Organisation und
    Zusammenarbeit für Homeoffice und Büro. mitp, Bonn
Häfele H, Maier-Häfele K (2020) 101 Online-Seminar-Methoden: Methoden und
    Strategien für die Online- und Blended-Learning-Seminarpraxis. 2. Aufl.,
    ManagerSeminare Verlag, Bonn
Häring K, Litzcke S (2017) Führungskompetenzen lernen: Eignung, Entwicklung, Auf-
    stieg. Schaeffer-Poeschel, Stuttgart
Hajduk J, Zowislo-Grünewald N (2019) Audiovisuelle Mitarbeiterkommunikation. In:
    Einwiller S, Sackmann S A, Zerfaß A (Hrsg) Handbuch Mitarbeiterkommunikation:
    Interne Kommunikation in Unternehmen. Springer Gabler, Wiesbaden
Herch A (2017) Virtuelle Teams führen: 6 Erfolgsfaktoren und 3 grundlegende Fehler.
    https://www.wearesquared.de/blog/fuehrung-virtueller-teams Zugegriffen: 7. Mai 2020
Herzfeldt E, Sackmann S A (2019) Kommunikation und Kooperation in virtuellen und
    internationalen Teams. In: Einwiller S, Sackmann S A, Zerfaß A (Hrsg) Handbuch Mit-
    arbeiterkommunikation: Interne Kommunikation in Unternehmen. Springer Gabler,
    Wiesbaden
Hirsch L (2019) 4 Plattformen für das Social Intranet. https://hirschtec.eu/4-plattformen-
    fur-das-social-intranet-im-vergleich/ Zugegriffen: 4. Mai 2020
IONOS (Hrsg) (2019) Die besten WhatsApp-Alternativen. https://www.ionos.de/
    digitalguide/online-marketing/social-media/whatsapp-alternativen/ Zugegriffen: 6. Mai
    2020
Jacobs L, Seifert L (2020) So können Sie mit Ihrem Team arbeiten, wenn alle zu Hause
    sind. https://www.zeit.de/arbeit/2020-03/mobiles-arbeiten-homeoffice-kommunikation-
    interaktion-tipps Zugegriffen: 15. Juni 2020
Jacobsen J, Meyer L (2019) Praxisbuch Usability und UX, 2. Aufl., Rheinwerk, Bonn

Klein S (2020) „Schultigu fü die faschpetuk". https://www.sueddeutsche.de/bildung/rechtschreibung-kretschmann-julia-knopf-1.4784436 Zugegriffen: 15. Juni 2020

Kleinberger U (2019) Interpersonale und informelle Kommunikation am Arbeitsplatz. In: Einwiller S, Sackmann S A, Zerfaß A (Hrsg.), Handbuch Mitarbeiterkommunikation: Interne Kommunikation in Unternehmen. Springer Gabler, Wiesbaden

Kofler M, Zingsheim A, Gebeshuber K, Widl M, Aigner R, Hackner T, Kania S, Kloep P, Neugbauer F (2020) Hacking & Security. Das umfassende Handbuch. 2. Aufl., Rheinwerk, Bonn

Kontio C (2017) Warum Home-Office Milliarden sparen kann. https://www.handelsblatt.com/unternehmen/beruf-und-buero/the_shift/jobs-fuer-digitale-nomaden-warum-home-office-milliarden-sparen-kann/20206328.html?ticket=ST-1369092-Us6ZOm1JTWxe0G1fqvzV-ap2 Zugegriffen: 3. Mai 2020

Landes M, Steiner E, Wittmann R, Utz T (2020) Führung von Mitarbeitenden im Home Office. Umgang mit dem Heimarbeitsplatz aus psychologischer und ökonomischer Perspektive. Springer Gabler, Wiesbaden

Meier G (2014) Die E-Mail-Flut bewältigen. E-Mails richtig organisieren – Professionell kommunizieren – Massenaufkommen eindämmen – Kommunikationskultur entwickeln. 5. Aufl., expert-Verlag, Tübingen

Mertinz A (2020) Wer darf posten? Social Media Guidelines schaffen Klarheit. https://blog.personal-manager.at/2020/02/13/wer-darf-was-posten-guidelines-fuer-social-media/ Zugegriffen: 6. Mai 2020

Meyer L (2020) Kurz, klar, wahr: Die Mitarbeiterzeitung „Bosch-Zünder" wird 100. Geschichten aus der Geschichte und aus der digitalen Gegenwart. https://www.bosch.com/de/stories/bosch-zuender-mitarbeiterzeitung/ Zugegriffen: 12. Juni 2020

Mickeleit T (2012) Be smart: Über Guidelines, die Rolle von Führungskräften und den Einsatz von Social Media bei Microsoft. In: Dörfel L, Hirsch L (Hrsg) Social Intranet 2012. Studienergebnisse, Fachbeiträge und Experteninterviews. SCM – School for Communication and Management, Berlin, S 70–72

Miles S J, Mangold W G (2014) Employee voice: Untapped resource or social media time bomb? In: Business Horizons 57/3:401–411 https://www.sciencedirect.com/science/article/pii/S000768131300219X Zugegriffen: 6. Mai 2020

Müller S (2018) Homeoffice in der arbeitsrechtlichen Praxis. Rechtshandbuch für die Arbeit 4.0. Nomos, Baden-Baden

Negelmann B (2019) Mit dem Digital Workplace zu mehr Employee Experience und der Unterstützung der digitalen Organisation. https://www.digitalworkplaceblog.de/2019/05/17/mit-dem-digital-workplace-zu-mehr-employee-experience-und-der-unterstuetzung-der-digitalen-organisation/ Zugegriffen: 3. Mai 2020

Queirós A, Pacheco da Rocha N (2019) Usability, Accessibility and Ambient Assisted Living. Springer, Heidelberg

Quiply Technologies (Hrsg) (2020) Mitarbeiter-App Vergleich: Quiply, Beekeeper, Staffbase. https://www.quiply.com/mitarbeiter-app-vergleich/ Zugegriffen: 4. Mai 2020

Reichlin M (2020) Social Intranet Software im Vergleich. Die 16 besten Tools 2020 im Test. https://trusted.de/social-intranet Zugegriffen: 4. Mai 2020

Rhodes J (2017) Videoconferencing for the Real World. Implementing Effective Visual Communications Systems. Taylor & Francis, London

Roth A, Joos T (2019) Die besten Online-Umfragetools für Profis. https://www.pcwelt.de/
    ratgeber/Die_besten_Online-Umfragetools_-Fuer_kleine_Unternehmen-8237293.html
    Zugegriffen: 6. Juni 2020

Sailer M (2016) Die Wirkung von Gamification auf Motivation und Leistung. Empirische
    Studien im Kontext manueller Arbeitsprozesse. Springer, Heidelberg

Sammer P (2019) What's your story?: Leadership Storytelling für Führungskräfte, Projekt-
    verantwortliche und alle, die etwas bewegen wollen. O'Reilly, Heidelberg

Schäffer N (2020) #OfficeHack: Maßnahmen zum Aktivieren von Netzwerken in Unter-
    nehmen. #StayatHome #remotework. Webinar am 28. April 2020 bei SCM – School for
    Communication and Management, Berlin.

Schasche S (2020) Zoom lässt Konkurrenz bei Videokonferenzen hinter sich. https://www.
    wuv.de/tech/zoom_laesst_konkurrenz_bei_videokonferenzen_hinter_sich Zugegriffen:
    6. Mai 2020

Schmitt I (2017) Geschäftsbriefe und E-Mails – schnell und professionell. Moderne
    Korrespondenz leicht gemacht. 4. Aufl., Business Village, Göttingen

Schreyer S (2019) Podcasts in der Unternehmenskommunikation. Wie Sie mit strategischen
    Audioformaten Ihre Zielgruppen erreichen. Springer Gabler, Wiesbaden

SCM – School for Communication and Management, Staffbase GmbH, Kammann
    Rossi GmbH (Hrsg) (2020) Internal Communications Monitor 2020. https://interne-
    kommunikation.net/internal-communications-monitor-2020/ Zugegriffen: 29. Juni 2020

Seibel T (2020) Teamdynamik entwickeln, begleiten, gestalten. ManagerSeminare Verlag,
    Bonn

Spaetgens M (2013) Über den Umgang mit E-Mails. Die Scholz & Friends
    E-Mail-Etikette. 6. Aufl., Schmidt-Verlag, Mainz

Statista (Hrsg) (2020) Statistiken zu Medien und Mediennutzung in Österreich. https://
    de.statista.com/themen/2110/mediennutzung-in-oesterreich/ Zugegriffen: 6. Juni 2020

Stieglitz S, Lattemann C, Robra-Bissantz S, Zarnekow R, Brockmann T (Hrsg) (2017)
    Gamification. Using Game Elements in Serious Contexts. Springer, Heidelberg

Stiftung Warentest (Hrsg) (2020) Die besten Tools für Video-Telefonie. https://www.test.
    de/Videochat-Programme-im-Test-Die-besten-Tools-fuer-Video-Telefonie-5605104-0/
    Zugegriffen: 3. Juni 2020

Strahringer S, Leyh Ch (2017) Gamification und Serious Games. Grundlagen, Vorgehen
    und Anwendungen. Springer Fachmedien, Wiesbaden

Thillosen A, Zimmer G M (2018), Handbuch E-Learning: Lehren und Lernen mit digitalen
    Medien, 5. Aufl., utb-Verlag, Stuttgart

Trawnicek P (2019) Arbeiten nach Corona. https://www.die-wirtschaft.at/die-wirtschaft/
    arbeiten-nach-corona-196202 Zugegriffen: 3. Mai 2020

Triest S (2019) Agile Führung: Mitarbeiter und Teams erfolgreich führen und coachen.
    mitp Verlag, Frechen bei Köln

Vassilian L (2018) Podcasting!: Alles, was Sie für Ihren erfolgreichen Podcast brauchen.
    Inkl. Praxistipps und Interviews. Auch für Technik-Laien geeignet! Rheinwerk, Bonn

Vogt T (2019) Risikomanagement in der Cybersecurity. TÜV Austria Fachverlag, Brunn
    am Gebirge

Von Rosenstiel, Regnet E, Domsch M E (2014) Führung von Mitarbeitern: Handbuch für
    erfolgreiches Personalmanagement. 7. Aufl., Schaeffer-Poeschel, Stuttgart

Wasle T (2020) Erfolgreich ins Homeoffice: Mit Telearbeit aus der Corona-Krise. Independently published, Rheinstetten

Wieschowski S (2020) Webinare für Einsteiger. Strategien, Werkzeuge und Praxistipps für das professionelle Online-Training. Independently published, Herford

Wolf G (2020) IK im Corona-Sturm: Was ist geschafft und wie geht es weiter? Webinar am 28. April 2020 bei SCM – School for Communication and Management, Berlin

Zerfaß A, Hagelstein J, Baab K, Klein L S, Kloss J (2020) Benchmarking Digitale Mitarbeiterkommunikation 2020: Empirische Studie zu Herausforderungen und Erfolgsfaktoren von Content-Management in der internen Kommunikation. Universität Leipzig & Staffbase, Leipzig – Chemnitz

Digitale Krisenkommunikation: Learnings aus der Covid-19-Krise

2

Beispiele aus der Corona-Virus-Krise[1] belegen die Möglichkeiten und die Grenzen der Digitalisierung. Die Unternehmensbeispiele wurden unter dem Aspekt gewählt, eine möglichst große Bandbreite hinsichtlich Branchen und Unternehmensgrößen sowie Problemsituationen aufzuzeigen. Es wurden ausschließlich Unternehmen/Institutionen aus Österreich befragt, um die Vergleichbarkeit ihrer Reaktionen auf Regierungsvorgaben zu verbessern.

2.1 Digitale Drei-Klassen-Gesellschaft

Bezogen auf die Erreichbarkeit (um Informationen zu übermitteln) zeigte die Corona-Krise deutliche Unterschiede auf: Die digitale Elite (meist mit Büro-jobs) konnte/kann – im besten Fall – alle Möglichkeiten digitaler Medien nutzen – inklusive Homeoffice. Die zweite Klasse wird zwar mithilfe digitaler Medien (Mitarbeiter-App) von Unternehmensseite informiert, hat aber weniger Spiel-raum bei der Nutzung digitaler Medien. Die dritte Klasse ist auf Informationen des Unternehmens außerhalb von digitalen Medien angewiesen. Insbesondere bei dieser Zielgruppe zeigte sich in der Covid-19-Krise Nachholbedarf.

Die Korrelation von Information und Wertschätzung zeigte eine Studie der Universität Wien im April 2020 bei mehr als tausend Arbeitnehmenden in

---

[1]Die Covid-19-Pandemie trat erstmals im Dezember 2019 in Wuhan/China auf. In Öster-reich hatte sie ab März 2020 u. a. die Schließung von Geschäften, Hotels und Lokalen, Kultur- und Sportbetrieben sowie die Verhängung von Quarantänen zur Folge. Zahlreiche Unternehmen mussten ihren Betrieb einstellen (Bundesministerium für Gesundheit 2020).

© Der/die Herausgeber bzw. der/die Autor(en), exklusiv lizenziert durch
Springer Fachmedien Wiesbaden GmbH, ein Teil von Springer Nature 2020
K. Engelhardt, *Interne Kommunikation mit digitalen Medien*, essentials,
https://doi.org/10.1007/978-3-658-31493-4_2

Österreich: Knapp die Hälfte der Beschäftigten (oder sogar weniger), die während der Covid-19-Krise an ihrem regulären Arbeitsort arbeiteten (also überwiegend ArbeiterInnen mit nur teilweisem Zugang zu digitalen Medien) fühlten sich ausreichend informiert und vom Management wertgeschätzt. Bei Beschäftigten in Homeoffice-Arbeit waren die Werte wesentlich besser (Einwiller 2020).

2.2   Die Covid-19-Krise als Kommunikationskrise

Alle befragten Unternehmen formierten umgehend Krisenkoordinationsteams. Neben der Umsetzung der Schutzmaßnahmen und logistischen Vorkehrungen für geänderte Arbeitsbedingungen (Wechsel ins Homeoffice, geänderte Schichten u.s.f.) erwies sich die kommunikative Erreichbarkeit der MitarbeiterInnen als wesentliches Problem der Krise; vor allem angesichts der Notwendigkeit, auf Face-to-Face-Kommunikation zu verzichten (Mitarbeiterversammlungen, persönliche Gespräche).

E-Mails/Newsletter per Mail waren *das* verlässliche Informationsinstrument schlechthin.

Mitarbeiter-Apps und Interne Social Media wurden meist ergänzend eingesetzt.

SMS und externe Websites dienten als Übergangslösung, um MitarbeiterInnen flächendeckend zu erreichen (Österreichische Post, Knauf), alternativ auch **Telefon-Hotlines** (Casinos Austria – Österreichische Lotterien).

Auch **Poster/Aushänge an den Schwarzen Brettern und Infoscreens** kamen zum Einsatz, um MitarbeiterInnen ohne digitale Anbindung zu erreichen (Österreichische Post, REWE Group, Coca-Cola, EVVA, voestalpine).

Digitale Event-Formate mit Videoconferencing ersetzten bisherige Face-to-Face-Aktivitäten. Fragen-Antworten-Runden des CEO wurden per Live-Streaming übertragen (Red Hours bei Austrian Airlines, Townhalls bei Coca-Cola und Siemens, Magenta-Talks).

Führungskommunikation: Abgesehen vom Einsatz der CEOs (die als Galionsfiguren gefragt waren) lag die Hauptlast der Krisenkommunikation bei den direkten Vorgesetzten, für die erschwerend hinzukam, dass die Kommunikation nun digital zu erfolgen hatte. Abteilungsbesprechungen per Videoconferencing und Abstimmungsprozesse via digitale Medien wurden zum neuen beruflichen Alltag. Viele Unternehmen boten ihren Führungskräften dazu Tipps: die EVN zum Beispiel mit eigens produzierten Podcasts (Rücker 2020). Zahlreiche Unternehmen rüsteten in der Covid-19-Krise ihre Videoconferencing-Tools nach.

Homeoffice-Arbeit bestand – mit den damit verbundenen Einschränkungen (Abschn. 1.4.5.) – ihre Bewährungsprobe und wird auch weiterhin verstärkt verlangt (Linhart 2020; Hornsteiner 2020; Oberrauter-Zabransky 2020; Wagner 2020). **Zur Kontaktpflege der MitarbeiterInnen** entstanden neue digitale Formate wie Mystery Lunches, Koch-Challenges, Coffee Machine Meetings oder Skype-Afterwork-Runden (EVN, Coca-Cola, Siemens, Bosch-Gruppe). **Interne Social Media** wurden für den kommunikativen Austausch der MitarbeiterInnen untereinander besonders wichtig.

Videos entpuppten sich als starker Trend während der Corona- Krise – nicht nur hinsichtlich der Videobotschaften des Managements. Videos im Do-it-Yourself-Verfahren setzten sich dabei mehr und mehr durch (Austrian Airlines, Österreichische Post).

Mitarbeiterzeitschrift-Sonderausgaben (Abb. 2.1) brachten Reportagen zum Corona-Alltag und Zukunftsausblicke. In manchen Fällen wurde die Mitarbeiterzeitschrift interimistisch von Print auf Online umgestellt (Henkel, voestalpine, Casinos Austria – Österreichische Lotterien) oder stattdessen ein Blog eingeführt (Santander Consumer Bank). Andere Unternehmen setzten auf vorhandene Online-Medien (Bosch-Gruppe, Siemens), wieder andere pausierten während der

Abb. 2.1 Visionen, Ziele und Werte lassen sich am besten mithilfe von Storytelling kommunizieren: im Bild Mitarbeiterzeitschrift-Sonderausgaben, die anlässlich der Covid-19-Krise erschienen (EVVA im Profil, dm-durchblick, Bosch-Zünder, ÖBB bewegt, Meine Post, EVN intern). (Foto: Helga Mayer) (Mit freundlicher Genehmigung von engelhardt kommunikation gmbh 2020. All Rights Reserved)

Krise mit der Mitarbeiterzeitschrift (REWE Group, dm drogerie markt, Austrian Airlines, STIWA).

Storytelling spielte eine wichtige Rolle in Mitarbeiterporträts und -erlebnisberichten sowie in zusammenfassenden Storys – über verschiedene Kanäle hinweg.

Externe Social Media wurden während der Covid-19-Krise auch intern wichtig: als Plattformen für „Heldenstorys" und Mutmacher-Geschichten der MitarbeiterInnen (auf Facebook, Instagram; als Podcasts wie bei Coca-Cola) oder zur Unterstützung des Mitarbeiteraustauschs (Bosch Kudo Cards auf LinkedIn).

2.3 Mitarbeiter-Feedback und Wertschätzung

MitarbeiterInnen sollten in Krisensituationen in den Kommunikationsprozess mit eingebunden werden. In der Corona-Virus-Krise nahmen CEOs via Videoconferencing zu den aktuellen Entwicklungen Stellung. Die MitarbeiterInnen konnten online Fragen stellen. Die Covid-19-Krise zeigte, dass die Geschäftsleitung gerade in Krisenzeiten als Vorbild, Galionsfigur und Mutmacher gefordert ist.

Die Coca-Cola HBC-Gruppe führte während der Covid-19-Krise in allen ihren Ländern eine Mitarbeiterumfrage durch (der Link dazu wurde per Mail versandt), mit Fragen teils zur persönlichen, arbeitstechnischen Situation, teils zur Unternehmenssituation. Die Resultate wurden hinsichtlich der Anpassung spezifischer Maßnahmen für die MitarbeiterInnen evaluiert.

Nach der Befindlichkeit der MitarbeiterInnen während der Corona-Krise fragten auch Santander Consumer Bank (als Teil einer weltweiten Umfrage) und Knauf (die MitarbeiterInnen im Homeoffice in Österreich). Die REWE Group in Österreich setzte eine Arbeitsplatzzufriedenheitsumfrage für September 2020 an.

Daneben wurde vielfach Wertschätzung durch Mitarbeiterporträts ausgedrückt: bei der Bosch-Gruppe und Austrian Airlines als Erlebnisberichte im internen Blog bzw. auf Yammer, bei Henkel als Kurzinterviews in den regelmäßigen E-Mail-Nachrichten, bei der Österreichischen Post als Mitarbeiter-Videos zum wechselseitigen Mut-Machen im Intranet. EVN bot Podcasts mit Mitarbeiterporträts und eine Social Wall mit Homeoffice-Fotos im Intranet. Bei den Casinos Austria – Österreichischen Lotterien gab es „Homeoffice Storys" via Microsoft Teams. Alle Mitarbeiterzeitschrift-Ausgaben während der Covid-19-Krise (Print und Online) enthielten Erlebnisberichte von MitarbeiterInnen.

Österreichische Post (Abb. 2.2), ÖBB und EVN veröffentlichten „Heldenstorys" in externen Social Media, Radio und Fernsehen. Knauf postete Homeoffice-Fotocollagen auf Facebook. Attensam produzierte einen Fernsehspot, der die Leistungen der MitarbeiterInnen ins rechte Licht rückte.

Wir danken allen
Postlerinnen und Postlern ...

... für ihren unermüdlichen und herausragenden Einsatz!

Durch Ihre täglichen Anstrengungen in dieser schwierigen Zeit gelingt es, den Auftrag der österreichischen Bundesregierung umzusetzen: die Serviceleistungen der Österreichischen Post als Teil der kritischen Infrastruktur für die Menschen in unserem Land aufrecht zu erhalten.

- Unsere Postfilialen und unsere Post Partner bleiben – wo behördlich genehmigt – für die Österreicherinnen und Österreicher geöffnet.

- Als Zustellerinnen und Zusteller besuchen Sie weiterhin täglich vier Millionen Haushalte und Unternehmen.

- In unseren Verteilzentren sind Sie weiterhin bei Tag und bei Nacht für die Sortierung von Briefen und Paketen im Einsatz.

- Durch die neuen Vorgaben im Kontakt mit unseren Kunden schützen wir nicht nur deren Gesundheit, sondern auch die unserer Kolleginnen und Kollegen.

Sie nehmen mit großer Flexibilität laufend die täglich neuen Herausforderungen an und dafür danken wir Ihnen.

Beachten wir bitte auch künftig die notwendigen Hygienemaßnahmen und die Verhaltensregeln zum Umgang miteinander und mit unseren Kunden.

Wir sind unendlich stolz auf Sie! Bleiben Sie gesund!

Aktuelle Informationen finden Sie laufend unter post.at/coronavirus

DI Dr. Georg Pölzl   DI Walter Oblin   DI Peter Umundum

Der Vorstand der Österreichischen Post AG

Abb. 2.2 Wertschätzung für die MitarbeiterInnen ist in Krisenzeiten besonders wichtig: Der Vorstand der Österreichischen Post AG bedankte sich per Zeitungsanzeige bei den MitarbeiterInnen. (Mit freundlicher Genehmigung von Österreichische Post AG 2020. All Rights Reserved)

Brücken schlagen zwischen unterschiedlichen MitarbeiterInnen-Gruppen war eine wesentliche Herausforderung der Covid-19-Krise; z. B. vom Softwareentwickler über den Hausgeräte-Verkäufer bis zum/zur MitarbeiterIn der Industriekessel-Fertigung bei der Bosch-Gruppe oder vom Lokführer und Buschauffeur bis zum Bahnhofsvorstand, Zugbegleiter und Gleisarbeiter bei den ÖBB. Führungskommunikation und Interne Social Media waren hier besonders gefordert.

2.4   Die Vision dahinter

In Krisensituationen sollten nicht nur faktische Informationen vermittelt und die MitarbeiterInnen einbezogen werden (Deekeling und Arndt 2019; Rosenberger und Niederhäuser 2019; Meißner und Schach 2019; Sartory et al. 2016; Steinke 2018). Wichtig ist es, die Vision und die Werte, die in der Krise und für die Zukunft Halt geben, bewusst zu machen. Über die offen gezeigte Wertschätzung für die MitarbeiterInnen hinaus sollten die für das Unternehmen wichtigen Werte deutlich gemacht werden, wie sie u. a. in Corporate Social-Responsibility-Aktivitäten sichtbar werden. Eine offen und glaubhaft gelebte Wertekultur wirkt sich auf die Motivation der MitarbeiterInnen aus.

Die Unternehmensgruppe Casinos Austria – Österreichische Lotterien zum Beispiel startete anlässlich der Covid-19-Pandemie eine (externe) Kampagne #wirtragenmaske mit Website und Facebook-/Instagram-Plattformen, bei der u. a. 15.000 Mund-Nasen-Schutzmasken an Vertriebspartner verteilt wurden. Alle MitarbeiterInnen waren aufgerufen, dabei mitzumachen, ebenso wie beim Corporate Volunteering. Dabei können MitarbeiterInnen an fünf Arbeitstagen pro Jahr Sozialinstitutionen unterstützen.

Coca-Cola rief den #Miteinand-Soforthilfe-Fonds ins Leben und spendete Getränke für Hilfsorganisationen und medizinische Einrichtungen sowie 100.000 Euro für besonders betroffene Branchen. Unterstützung gab es außerdem für die soziale Beratungseinrichtung „Rat auf Draht" (über die Marke Sprite) und Caritas Österreich (mit einem sechsstelligen Betrag). Um angesichts der Krise Mut zu machen, rief Coca-Cola die Podcast-Serie #miteinand daheim ins Leben.

Henkel Österreich unterstützte die Caritas Wien mit 50.000 Euro und das Partner-unternehmen ALPLA, das am Henkel-Standort in Wien eine Inhouse-Produktion hat, mit 3000 Stück Handhygiene-Gel für dessen MitarbeiterInnen. Der gesamte Konzern spendete für den Covid-19-Fonds der WHO und NGOs zwei Millionen Euro sowie fünf Millionen Körper- und Haushaltshygiene-Produkte und produzierte Desinfektionsmittel in seinen Werken. Außerdem führte Henkel – in Österreich und international – ein Maßnahmenpaket „Help your salon" für Friseure ein.

Magenta Telekom installierte während der Covid-19-Pandemie gemeinsam mit der Caritas die Plattform www.plaudernetz.at für einsame und hilfesuchende Menschen, richtete in Seniorenwohnhäusern der Caritas Kärnten „Plauder-ecken" mit WLAN ein und unterstützte die Migranten-Initiative „lobby16" mit Konnektivität.

Die ÖBB demonstrierte Verantwortungsgefühl gegenüber MitarbeiterInnen *und* KundInnen mit Verhaltenstipps (Abb. 2.3) und neuen digitalen Formaten wie beispielsweise der Eröffnung des neuen Bahnhofs in Raasdorf als virtuellen Event.

HEUTE. FÜR MORGEN. FÜR UNS.

Abb. 2.3 In Krisenzeiten heißt es Verantwortung und Wertebewusstsein zeigen: Die ÖBB publizierten während der Covid-19-Krise auf ihren Infoscreens an Bahnhöfen und in Zügen sowie über ihre Social Media- Kanäle wichtige Verhaltenstipps. (Mit freundlicher Genehmigung von ÖBB-Holding AG 2020. All Rights Reserved)

2.5   Globalisierung

Digitale Medien spielten während der Covid-19-Krise in internationalen Konzernen eine spezielle Rolle: In der Lufthansa Group und ihrer Tochter Austrian Airlines gab es bereits vor der Krise gut eingespielte Fragen-Antworten-Runden des Lufthansa-Vorstands („Offen gesagt") und tägliche Abstimmungs-Calls der konzernweiten und der österreichischen Kommunikationsabteilungen. Die konzernweite Einführung von Yammer (neben der Mitarbeiter-App „One") bot ab Beginn der Corona-Krise den mehr als 135.000 MitarbeiterInnen weltweit über Ländergrenzen hinweg die Möglichkeit, Informationen auszutauschen und einander Mut zuzusprechen (bei Austrian Airlines gibt es Yammer seit 2016).

In der Coca-Cola HBC-Gruppe wurde erstmals eine virtuelle Townhall-Veranstaltung für Coca-Cola HBC *und* The Coca-Cola Company durchgeführt, zu der sich 7.000 MitarbeiterInnen einwählten und live Fragen an die CEOs beider Gesellschaften stellten. Mitarbeiterbriefe des CEO enthielten Informationen zur gruppenweiten Situation und positive Meldungen aus den Ländern. Ein länderübergreifender Newsletter (wöchentlich) informierte zu E-Learning-Angeboten, aktuellen Sicherheitsangeboten und Geschichten aus den Märkten.

Die ÖBB Rail Cargo Group sah sich mit ihren mehr als 9000 MitarbeiterInnen in 15 Ländern mit unterschiedlichen staatlichen Regelungen und Problemen an den Ländergrenzen (z. B. beim Lokführer-Wechsel) konfrontiert. Länderübergreifende Kommunikation mit Rücksicht auf unterschiedliche IT-Systeme erfolgte mithilfe von mehrsprachigen E-Mails und videogestreamten Team-Events, die nach Zielgruppen und Themen gestaffelt waren. In Live-Events mit bis zu 700 TeilnehmerInnen beantworteten Vorstand, Betriebsrat und Personalchefin im Chat bis zu hundert Fragen der MitarbeiterInnen. Videoaufzeichnungen der Statements wurden – ebenso wie andere nützliche Informationen – ergänzend im Intranet und auf der externen Website publiziert (Lehenbauer 2020).

Bei der Bosch-Gruppe gab es – abgesehen von den sonst schon weltweit vernetzten Mitarbeiter-Plattformen (Bosch-Zünder Online, Bosch Connect) – einen Schwerpunkt in der Juli-Ausgabe des weltweiten Mitarbeitermagazins Bosch-Zünder (in zehn Sprachen), und die Bosch Zünder-App wurde automatisch auf allen Business-Smartphones ausgerollt.

Bei der voestalpine setzte man auf mehrsprachige Newsletter, Mitarbeiterbriefe und Poster, die per E-Mail an 500 Konzerngesellschaften in mehr als 50 Ländern übermittelt wurden. Die konzernweite Mitarbeiter-App befand sich während der Covid-19-Krise noch in Ausrollung.

2.6 Covid-19-Krise: Information und Kommunikation der Systemerhalter

Logistik- und Versorgungsunternehmen trugen während der Covid-19-Krise Verantwortung gegenüber der öffentlichen Gesellschaft *und* gegenüber ihren MitarbeiterInnen. Gesundheitsmaßnahmen und Schutzausrüstung waren für die MitarbeiterInnen der Systemerhalter existenziell, gepaart mit der Notwendigkeit, ausreichend zu informieren.

2.6.1 Logistik und Energieversorgung

Die Österreichische Post AG, mit mehr als 20.000 MitarbeiterInnen und rund 1800 Geschäftsstellen der führende Logistik- und Postdienstleister in Österreich, informierte die MitarbeiterInnen über den digitalen Arbeitsplatz „OSKAR" u. a. mit einem „Corona-Tagebuch", in dem mehrmals täglich über die Entwicklungen berichtet wurde. Für die MitarbeiterInnen ohne PC-Zugang, wie etwa die rund 9.000 ZustellerInnen und rund 3.000 MitarbeiterInnen in den Logistikzentren, wurden binnen drei Tagen eine externe Website und ein SMS-Dienst mit mehreren Nachrichten täglich aufgesetzt, für den sich alle Post-MitarbeiterInnen (nach vorangegangenen Informationen in Briefen und via Handhelds, Infoscreens und Aushang am Schwarzen Brett) freiwillig anmelden konnten. Bis Ende 2020 wird eine „OSKAR"-Mitarbeiter-App eingeführt.

Hygiene- und Sicherheitsanweisungen wurden in den zehn Logistikzentren auch über Infoscreens (insgesamt 60 inklusive jener im Headquarter) und Plakate in 13 Sprachen übermittelt. Dazu wurden täglich E-Mails an rund 6.000 MitarbeiterInnen (in den Filialen und Büros) versandt. Vorstandsbriefe erinnerten die MitarbeiterInnen zu Vorsicht und sparten nicht mit Lob und Dank. Das Mitarbeitermagazin (Print) widmete sich in mehreren Ausgaben ausführlich dem Thema.

Die Kommunikatoren der Österreichischen Post nahmen die Krise zum Anlass, um verstärkt mithilfe von Videos (im Do-it-Yourself-Verfahren) zu kommunizieren: mit Videobotschaften von Vorständen, Bereichsleitern, vom Personalmanagement und von den Arbeitsmedizinern. KollegInnen wurden darüber hinaus aufgefordert „Motivationsvideos" zu drehen. In externen Printmedien, Radio, Fernsehen und Social Media (Instagram, Facebook) wurden die Mitarbeiter-Leistungen mit „Corona-Heldenstorys" gewürdigt (Mayer 2020).

Die ÖBB hatten während der Covid-19-Krise bis zu 90 % weniger Fahrgäste im Personenverkehr und Umsatzeinbußen von bis zu 30 % im Güterverkehr. 6000 der rund 40.000 MitarbeiterInnen gingen in Kurzarbeit. Verkehrsverbindungen wurden trotzdem aufrechterhalten. Die Interne Kommunikation hatte die Aufgabe, nicht nur die während der Krise mit äußerst unterschiedlichen Herausforderungen konfrontierten MitarbeiterInnen zu informieren und motivieren, sondern darüber hinaus deren Verantwortungsbewusstsein gegenüber den KundInnen zu fördern. Zur Unterstützung der Führungskommunikation gab es Mailings, Fact-Sheets, Videos, Online-Fragestunden.

Im April wurde das neue Social Intranet implementiert, zu dem etwa die Hälfte der MitarbeiterInnen Zugang hat. Sie erhielten wöchentliche Updates auf der eigens eingerichteten Landingpage. Darüber hinaus gab es für rund 26.000 MitarbeiterInnen mit ÖBB-E-Mail-Adresse insgesamt 19 Newsletter von Ende Februar bis Ende Juni (mit einer Öffnungsrate über 50 %). 1,1 Mio. Zugriffe wurden auf alle Newsletter registriert.

Schwerpunktthema der ÖBB-Kommunikation waren die Verhaltensstandards in Zügen, Bussen und auf Bahnhöfen. „Echte" MitarbeiterInnen informierten in den Medien der Internen Kommunikation und auf Social Media: Zugbegleiter dienten als Vorbilder beim Tragen der Maske, ReinigungsmitarbeiterInnen demonstrierten ihre Bemühungen für den sauberen und sicheren Transport der ÖBB. Alle „Erfolgsgeschichten" wurden im ÖBB Content Hub unsereoebb.at geteilt.

An den Bürostandorten wurde verstärkt auf Telearbeit gesetzt. Für die MitarbeiterInnen zuhause gab es eine „Monday Motivation" im Intranet mit Ernährungs-, Erziehungs- und Ausflugstipps sowie Mitmachaktionen (wie das schönste Foto aus dem Homeoffice oder die ÖBB-„Masken-Challenge").

CEO Andreas Matthä versandte an alle MitarbeiterInnen einen persönlichen Brief, gab in Videobotschaften (im Intranet, via Newsletter und auf dem Content Hub unsereoebb.at sowie auf Social Media – vor allem in seinem LinkedIn-Profil) Updates, bedankte sich für den Einsatz der MitarbeiterInnen und besuchte sie persönlich vor Ort an den Arbeitsplätzen. „Helden-Storys" der MitarbeiterInnen erschienen in zahlreichen externen Print- und Fernseh-Medien und wurden auf Social Media und in den internen Medien geteilt. Der eigens geschaffene Begriff „#TeamOEBB" stärkte den Unternehmenswert „Wir vor Ich" (Pusswald 2020).

Beim niederösterreichischen Energieversorger EVN (rund 2700 MitarbeiterInnen in Niederösterreich) wechselten 85 % der MitarbeiterInnen binnen zwei Tagen ins Homeoffice. Die restlichen MitarbeiterInnen waren vor allem für die Sicherung der kritischen Infrastruktur Energie, Wasser und Telekommunikation an ihren Arbeitsstellen. Alle wurden vom Krisenstab mit Push-Nachrichten via E-Mail und über das Intranet informiert, u. a. mit Homeoffice-Fotos der KollegInnen und Podcasts mit Mitarbeiterporträts. Podcasts für Führungskräfte boten Tipps zum digitalen Führen. Der Vorstandssprecher meldete sich mit Videobotschaften (im Intranet) zu Wort. Zahlreiche Teams führten Gesprächsrunden via Skype oder alternativen Meeting-Plattformen wie z. B. Zoom ein.

Die Inhalte der rund 40 Infoscreens in Service Centern, Verkaufsshops und in der Unternehmenszentrale konzentrierten sich auf Corona-relevante Informationen. In der März- und der Juli-Ausgabe der Mitarbeiterzeitung gab es Berichte zur Corona-Krise. In externen Social Media und im Fernsehen (ORF Niederösterreich) gab es Beiträge zu Arbeitseinsätzen von MitarbeiterInnen der EVN und der EVN-Tochter Netz Niederösterreich (Rücker 2020).

2.6.2   Versorgung mit Gütern des täglichen Bedarfs

Die REWE Group, das größte Lebensmittelhandel-Unternehmen Österreichs (mehr als 2570 Filialen, 45.000 MitarbeiterInnen), übernahm zusätzliche Aufgaben wie das Verteilen von Mund-Nasen-Schutz an die Bevölkerung und hatte besonders am Anfang der Ausgangsbeschränkung hohen Kundenandrang. Nicht nur die Kapazitätsgrenzen, sondern auch Probleme, damit die MitarbeiterInnen in abgeriegelten Gebieten zum Arbeitsplatz gelangen konnten, erforderten – ähnlich wie bei der Österreichischen Post – die Unterstützung des Bundesheers. Die REWE Group nahm ab März bis Anfang April über 1000 MitarbeiterInnen für Lager und Filialen auf.

Bei der Information der MitarbeiterInnen setzten die Gesellschaften der REWE Group (BILLA, MERKUR, PENNY, BIPA, ADEG) auf alle bereits vorhandenen Kanäle: Mitarbeiter-App, Aushänge und Infoscreens in den Filialen sowie Sperrbildschirme an den PCs. Für die rund 6000 MitarbeiterInnen mit PC-Anbindung gab es Informationen via E-Mail und Intranet. Als Dank für ihren Einsatz erhielten alle MitarbeiterInnen in den Filialen und in den Lagerstandorten Boni (Moser-Guntschnig 2020).

Die Drogeriekette dm drogerie markt (in Österreich rund 7000 MitarbeiterInnen) hatte in den 400 Filialen ihrem Versorgungsauftrag nachzukommen. Gleichzeitig mussten 171 Friseur- und 113 Kosmetikstudios geschlossen werden. Das Krisenkoordinationsteam versandte täglich E-Mails an alle MitarbeiterInnen, dazu gab es täglich Covid-19-Updates in der Mitarbeiter-App sowie über das Intranet. Die Mitarbeiterzeitung erschien – nach einer zweimonatigen Unterbrechung – im Juni mit einem großen Corona-Rückblick inklusive zahlreicher Mitarbeiter-Statements. Mitarbeiter-Feedback wurde laufend in den zweimal täglich stattfindenden Meetings des Krisenkoordinationsteams hinterfragt. CEO Martin Engelmann nahm in allen internen Medien Stellung und beantwortete Mitarbeiterfragen via Yammer (Ornig 2020).

Bei Coca-Cola HBC Österreich (rund 1000 MitarbeiterInnen) stand die Kommunikation über die Führungskräfte im Vordergrund; gepaart mit unterstützenden Team-Initiativen. Es gab für alle MitarbeiterInnen wöchentliche Video-Updates des General Managers, zwei virtuelle Townhall-Meetings (mit Informationen zur Unternehmensentwicklung durch das Senior Leadership Team) sowie für die Top-50-Führungskräfte wöchentliche Calls. In den Teams wurden informelle Formate entwickelt; von einer Homeoffice-Challenge über virtuelle Mystery Lunches und After-Work-Drinks bis zu Motto-Team-Meetings und Koch-Challenges. Mehr als die Hälfte der Coca-Cola-MitarbeiterInnen arbeiteten während der Corona-Krise vom Homeoffice aus – das vorhandene Angebot zu flexiblen Arbeitszeitlösungen machte einen sofortigen Wechsel möglich. Sie erhielten Krisen-relevante Informationen via Line Manager, E-Mail und Intranet, das um eine FAQ-Sektion zum Corona-Virus ergänzt wurde. Die übrigen MitarbeiterInnen im Produktions- und Logistikzentrum in Edelstal, im Headquarter und in den Niederlassungen in den Bundesländern (die aus prozesstechnischen Gründen nicht im Homeoffice arbeiten konnten) wurden vor allem von den Führungskräften vor Ort, via TV-Screens und mithilfe von Postern und Aushängen informiert (Fremuth 2020).

Die Henkel CEE GmbH (900 MitarbeiterInnen in Österreich) startete am 27. Februar 2020 mit verstärkten Hygiene- und Quarantänemaßnahmen in die Corona- Krise: ein Mitarbeiter des Wiener Standorts war positiv auf das Virus getestet worden. In weiterer Folge wechselten 95 % der MitarbeiterInnen der Verwaltung ins Homeoffice, in den Produktionsbetrieben in Wien und Vorarlberg sowie im Zentrallager in Wien wurden ergänzende Sicherheitsmaßnahmen eingeführt. Die regelmäßige Mitarbeiterkommunikation (vorrangig mit Yammer) (Engelhardt 2020) wurde ab 27. Februar 2020 um tägliche Update-Mails an alle MitarbeiterInnen ergänzt. Ab Mitte März wurden diese um Mitarbeiter-Kurzinterviews erweitert. Motto: „Wie geht's? Nachgefragt bei …". Bis 8. Mai 2020 wurden 51 Mails und 33 Personenporträts versandt. Blue Collar-MitarbeiterInnen erhielten ihre Informationen über ihre Vorgesetzten. Für Führungskräfte gab es virtuelle Meetings („ManagerForum"). Das Mitarbeitermagazin „Henkel Life" erschien im April erstmals nur online und brachte Berichte unter dem Motto „Wir schaffen das!" und „Gemeinsam stark". Als besondere Anerkennung für die MitarbeiterInnen vor Ort gab es in der Werkskantine Gratis-Lunch und freies Parken am Werksgelände (Gloyer 2020).

Das Baustoffunternehmen Knauf (rund 190 MitarbeiterInnen) nahm im Werk in Weißenbach bei Liezen Umbauten vor und schickte die MitarbeiterInnen der Administration ins Homeoffice. Abgesehen von Intranet und Newslettern per Mail wurde ein SMS-Service eingerichtet, mit dem – vom Bergmann bis zur Telefonistin – jeder/jede MitarbeiterIn zeitgleich erreicht werden konnte. Face-to-Face-Meetings wurden auf Skype umgestellt. Fotocollagen bzw. Videos der MitarbeiterInnen im Homeoffice und im Werk rückten deren Leistungen auf Facebook ins rechte Licht (Bauer 2020).

Attensam, der österreichische Marktführer bei Hausbetreuung und Winterservice (rund 1500 MitarbeiterInnen), ersetzte den Ausfall von Büroreinigungsaufträgen weitgehend mit Desinfektionsaufträgen. Alle Angestellten wanderten binnen weniger Tage ins Homeoffice, Meetings fanden fortan mithilfe von Videoconferencing statt. Die Information aller MitarbeiterInnen erfolgte – abgesehen von der Mitarbeiterzeitschrift – vor allem über die Mitarbeiter-App, die mit einem eigenen Corona-Channel ausgestattet wurde. Hier meldete sich der Geschäftsführer und Eigentümer wöchentlich per Video-Update an alle MitarbeiterInnen. Außerdem gab es dort die Möglichkeit, zum Thema Corona anonym Fragen zu stellen. Die Leistungen der MitarbeiterInnen während der Corona-Virus-Krise wurden in einem aktuellen Fernsehspot gewürdigt; mit Fragen wie „Kann man Leben retten, indem man Klinken putzt?" (Medianet 2020; Schneider 2020).

2.6.3   Technik- und Finanzbranche

Für Technik-Unternehmen wie Siemens (in Österreich rund 11.000 MitarbeiterInnen) oder Microsoft (in Österreich rund 340 MitarbeiterInnen) waren Änderungen angesichts der Corona-Krise relativ leicht zu bewältigen: Teleworking war dort vorher schon üblich und wurde nun ganz einfach verstärkt. In den Produktionsbereichen bei Siemens galt es, noch ergänzende Schutzmaßnahmen einzuführen. Interne Kommunikation erfolgt in beiden Unternehmen schon längst komplett digital: Bei Microsoft via Teams und Yammer auf dem gemeinsamen Daten-Repositorium der SharePoint Plattform, das auch für Fachabteilungen wie Human Resources die Erstellung von „Corona Microsites" möglich machte; bei Siemens via E-Mails, Intranet, Infoscreens und auf den Sperrbildschirmen sowie mithilfe von Slack, Yammer, Circuit, Zoom.

Telefon- und Videokonferenzen gehören in beiden Unternehmen seit je zum Alltag. Mit Covid-19 erhöhte sich die Schlagzahl: mit mehr Townhalls der Geschäftsführung (Siemens) und mehr Telefonkonferenzen der Führungskräfte (Siemens und Microsoft). Die Planungsklausur von Microsoft im April wurde kurzerhand als virtuelles „Gemeinschaftserlebnis in Teams" gestaltet. Dazu gab es ergänzende „Private Passion Meetings" zur Abfederung der privaten Kontakte („Coffee Machine"-Meetings und Feierabend-Verabredungen bei Siemens). Bei Siemens wurde zur Steigerung der Verbindungsqualität als zweite Telefonkonferenz-Software Microsoft Teams ausgerollt. Im Siemens Webmagazin und in den Vorstandsmails gab es Berichte unter dem Motto „Wie Siemens den neuen Alltag lebt" (Braun 2020; Lutz 2020).

Bei der Bosch-Gruppe in Österreich (rund 3200 MitarbeiterInnen) kündigten im Januar im weltweiten Mitarbeiter-Blog erste Berichte aus China die Krise an. Die Krisenvorbereitungen in Österreich starteten umgehend, der Wechsel vom Büro in den dauerhaften Homeoffice-Modus (sogar mit ergänzender Übersiedlung von diversem Equipment) ging schnell vor sich. Information und Kommunikation erfolgten während der Krise größtenteils digital: via Online-Magazin im Intranet, E-Mails, der Bosch Connect Community (mit Videobotschaften) und dem Messengerdienst Threema. Die Koordination erfolgte über einen österreichweiten Krisenstab und Notfallkoordinationsteams an den Standorten.

Schwerpunkte der Internen Kommunikation bei der Bosch-Gruppe in Österreich waren die Videobotschaften des Vorstands (der mitten in der Krise wechselte) und Mitarbeiter-Erlebnisberichte im Blog. Auf der Vernetzungsplattform „Bosch Connect" wurde eine neue Community mit News zur Krise gegründet. Abteilungsintern informierten die Führungskräfte regelmäßig mittels Skype-Meetings bzw. in den Werken persönlich vor Ort. Abends folgten „Skype-Afterwork-Runden". Auf LinkedIn als Employer-Branding-Aktion eingeführte Kudo Cards erwiesen sich in der Covid-19-Krise als weltweit genutzte Mutmacher und Teamgeist-Verstärker (Macho 2020).

Das Telekommunikationsunternehmen Magenta Telekom brachte seine rund 2500 MitarbeiterInnen (Call Center und Technikbereiche mit eingeschlossen) binnen 48 h ins Homeoffice und definierte als Covid-19-Phasen: „Get back in Control" (für interne Koordination und Teamgeist), „Run the Business in Times of Corona" (Homeoffice-Support für Geschäftskunden mit bis zu 15.000 MitarbeiterInnen) und „Do Things Now to Profit Later" (Entwickeln neuer digitaler Angebote für die Zeit nach Corona). Kanäle der Mitarbeiterkommunikation waren Intranet (mit FAQ-Seiten und Helplines zu Human Resource- und IT-Themen), E-Mails, Live-Chats. Die Geschäftsleitung stellte sich in zehn „Magenta-Talks" per Livestream den Fragen der MitarbeiterInnen (Schiefer 2020).

Auch für Finanzinstitute lief der Umstieg auf Homeoffice für alle bzw. fast alle MitarbeiterInnen recht problemlos. Homeoffice war vorher schon weitgehend Bestandteil der Arbeitsvereinbarungen. Die Information erfolgte via Intranet mit speziellem „Infopoint Coronavirus" und Blog (BAWAG P.S.K.) oder via Yammer und E-Mails (Santander Consumer Bank) sowie mithilfe verstärkten Austauschs der Führungskräfte untereinander (Video- und Telefonkonferenzen) (Spitz 2020; Mayr 2020).

2.7 Covid-19-Krise: Unternehmen/Institutionen im Shutdown

Für Unternehmen der Luftfahrt, Gastronomie und Hotellerie, für Kultur- und Sportbetriebe sowie Produktionsunternehmen brachte die Corona-Pandemie eine existenzielle Krise. Mut-Machen für die Zukunft und Teamgeist waren wesentliche Elemente der Kommunikation.

2.7.1 Luftfahrt

Von Mitte März bis Mitte Juni gab es bei den Austrian Airlines (rund 7000 MitarbeiterInnen) – abgesehen von einzelnen Transport- und Rückholflügen – keinen Flugbetrieb. Die sichere Aufrechterhaltung des Betriebs (die Flugzeuge mussten laufend gewartet werden) fand in unterschiedlichen Schichtmodellen statt. Tägliche Corona-Updates via E-Mail, Yammer und persönliche Information durch den Vorstand standen bei der Mitarbeiterkommunikation im Vordergrund (neben Intranet und Infoscreens im Headquarter zu Beginn der Krise) (Abb. 2.4). Die acht Fragen-Antworten-Runden des Vorstands (Red Hours) von Mitte März bis Mitte Juni wurden via Live-Streaming übertragen. Die Links dazu erhielten alle MitarbeiterInnen per E-Mail. Via sli.do konnten sie Fragen stellen. Etwa zwei Stunden nach dem Event war die Aufzeichnung auf Yammer abrufbar. Während der Covid-19-Krise gab es bei den Red Hours bis zu 400 Fragen und bis zu 5000 Zuseher.

Als Mut-Macher erwiesen sich zahlreiche Posts in Yammer sowie auf Facebook und Instagram: Das fliegende Personal wurde ermutigt, Fotos von Rückholflügen im Ausland gestrandeter Österreicher und Transportflügen mit wichtiger Schutzausrüstung und als Teilnehmer der „Don't rush-Challenge" zu posten. Als der Mutterkonzern Lufthansa zu Beginn der Krise gleichfalls Yammer einführte, teilten KollegInnen aus aller Welt Erinnerungen an den letzten Flug/Auslandsaufenthalt. Für den Neustart der Airline Mitte Juni kreierte das Kommunikationsteam Kurzclips, welche die Vorfreude der MitarbeiterInnen auf die Wiederaufnahme der Flüge zeigten (Setznagel 2020).

Abb. 2.4 Noch während alle Flugzeuge am Boden standen, planten die Austrian Airlines den Weg aus der Krise: mit umfassender Mitarbeiterkommunikation durch den Vorstand, täglichen Mails und Yammer-Posts sowie zahlreichen Mitarbeiter-Posts auf Facebook & Co. (Mit freundlicher Genehmigung von Austrian Airlines 2020. All Rights Reserved)

2.7.2   Produktionsbetriebe

Bei der STIWA Group (2100 MitarbeiterInnen), dem Hersteller von Automations-anlagen und Automotive-Zulieferbetrieb, gab es in vielen Bereichen Kurz-arbeit. Für mehr als 600 MitarbeiterInnen mussten Homeoffice-Voraussetzungen geschaffen werden. Ein Krisenstab hielt anfangs täglich Meetings ab und formulierte einen Fragen- und Antworten-Katalog. Dieser wurde per E-Mail an alle MitarbeiterInnen versandt und im Intranet veröffentlicht. Die Führungskräfte waren angehalten, Abteilungs- und Teamleiter zu informieren, die wiederum ihre Teams zu verständigen hatten. Rückfragen der MitarbeiterInnen wurden über ein eigenes E-Mail-Postfach gesammelt (Langeder 2020).

Auch im Werk der EVVA Sicherheitstechnologie GmbH (rund 450 MitarbeiterInnen in Österreich) in Wien wurde Kurzarbeit bzw. Teleworking (für die MitarbeiterInnen der Büros) eingeführt. Newsletter – per E-Mail und im Intranet sowie als Ausdrucke, die am Schwarzen Brett ausgehängt wurden – dienten neben der Mitarbeiterzeitschrift (Print und Online) als Hauptinformationsmedium. Geschäftsführer und Management verteilten persönlich Ausdrucke der Newsletter (Mayrhofer 2020).

Die voestalpine (49.000 MitarbeiterInnen weltweit, davon 23.000 in Österreich) musste bei den meisten Tochtergesellschaften in Österreich ab Anfang April Kurzarbeit anmelden. Eine Umstellung der Schichten ermöglichte – vor allem an den Hochöfen – den sicheren Betrieb. Als sicherste Information für alle MitarbeiterInnen konzernweit wurden Newsletter mit Aushängen (als Anhang zu den Newslettern) eingesetzt; insgesamt mehr als 30 von 27. Februar bis 7. August 2020. Die Kommunikationsverantwortlichen der Tochtergesellschaften sorgten dafür, dass die A3-Poster ausgedruckt und an den Schwarzen Brettern ausgehängt wurden und verteilten die Newsletter an die MitarbeiterInnen vor Ort. Informationen mithilfe der in Ausrollung befindlichen Mitarbeiter-App (mit Zugang für Mobiltelefon- und Mail-Accounts und Active Directory-Accounts) erfolgten nur in einzelnen Tochtergesellschaften.

Der Vorstand versandte Mitarbeiterbriefe an alle MitarbeiterInnen des Konzerns in elf Sprachen. Außerdem wurden im konzernweiten voestalpine-Intranet unter „Health & Safety" täglich News zu Covid-19 veröffentlicht, und im Sommer erschienen zwei Ausgaben des konzernweiten Mitarbeitermagazins online (statt print). Die Meetings „Corporate Insights" wurden in Videoconferencing-Formate umgewandelt. Den Tochtergesellschaften blieb es überlassen, darüber hinaus weitere interne Kommunikationsmaßnahmen zu setzen.

Am Standort Linz der voestalpine (circa 10.000 MitarbeiterInnen) zum Beispiel gab es standortbezogene Informationen in eigenen Newslettern und mittels Mitarbeiter-App der in Linz beheimateten Steel Division. Über einen Link konnten die per Teleworking Arbeitenden ihren KollegInnen in der Produktion Grüße schicken (Keplinger 2020) (Abb. 2.5).

2.7.3 Universitäten

Universitätseinrichtungen erwiesen sich als sehr flexibel und erweiterten binnen weniger Tage den bereits vorhandenen Mix aus Präsenzphasen und E-Learning auf fast ausschließlichen Online-Unterricht (Universität Wien, Donau-Universität Krems). Die rund 10.000 MitarbeiterInnen der Universität Wien arbeiteten von Mitte März bis Mitte Mai im Homeoffice und kehrten danach stufenweise

Abb. 2.5 Teamgeist beflügelt in der Krise: In der Steel Division der voestalpine am Standort Linz wurden die MitarbeiterInnen im Homeoffice aufgefordert ihren KollegInnen in der Produktion Grüße zu posten. (Mit freundlicher Genehmigung von voestalpine 2020. All Rights Reserved)

in die angestammten Büros zurück. Die Information der MitarbeiterInnen der Universität Wien erfolgte via Intranet und Newsletter, für die Studierenden via Website, Blog, Mailings und Social Media (Instagram, Facebook). Das Rektorat meldete sich regelmäßig mit Videobotschaften aus dem Homeoffice (Blum 2020).

Bei der Donau-Universität Krems war E-Mail das Primärmedium in der Information/Kommunikation mit den (rund 700) MitarbeiterInnen. Im Intranet fand sich eine chronologische Liste aller Maßnahmen. Rückfragen und Feedback waren über eine eigens eingerichtete E-Mail-Adresse möglich (Sagl 2020).

Anfang Juli öffneten Universität Wien und Donau-Universität Krems auch analog wieder ihre Tore. Die Wissenschaftler beider Institutionen meldeten sich vor, während und nach der gesamten Covid-19-Krise mit Forschungsbeiträgen zur Krise zu Wort.

2.7.4 Tourismus und Glücksspiel

Die Sacher Hotels in Wien und Salzburg (rund 800 MitarbeiterInnen bei der Sacher Gruppe) blieben von Mitte März/Anfang April bis Ende Mai geschlossen. Viele Sacher-MitarbeiterInnen gingen in Kurzarbeit, „Bürojobs" wurden in Homeoffice umgewandelt. Trotz zahlreicher Interviews in nationalen und internationalen externen Medien stand Mitarbeiterinformation an vorderster Stelle: vor allem mithilfe der Mitarbeiter-App Hotelkit, die speziell für die Hotellerie Housekeeping- und Service-Unterstützung anbietet, und E-Mails. Ein weiterer wichtiger Kanal war Whatsapp; abgesehen von den nunmehr überwiegend via Whereby abgewickelten Meetings der Geschäftsleitung und der AbteilungsleiterInnen sowie abteilungsinternen Meetings u.s.f.

In den Meetings und über Hotelkit wurde laufend die Meinung der MitarbeiterInnen erhoben. Außerdem wandte sich CEO Matthias Winkler wöchentlich und nach Anlassfall mit Videobotschaften via Hotelkit, E-Mails und Whatsapp an die Belegschaft, die sich darüber hinaus untereinander via Hotelkit und Whatsapp austauschte (Winkler 2020).

Die Unternehmensgruppe Casinos Austria – Österreichische Lotterien (rund 3400 MitarbeiterInnen, davon rund 2600 MitarbeiterInnen im Inland) musste am 13. März 2020 in Österreich alle zwölf Casinos und 19 WINWIN-Lokale schließen. Ab 16. März wechselten die MitarbeiterInnen der Zentrale ins Homeoffice. Für 90 % der Belegschaft wurde Kurzarbeit anberaumt. Information und Kommunikation der MitarbeiterInnen erfolgte vor allem durch die direkten Vorgesetzten (telefonisch oder per Video-Call) und per E-Mail, aber auch in persönlichen Briefen per Post. Die Mails wurden von den jeweils zuständigen Abteilungen (Generaldirektion, Corporate Communications, IT, Human Resources und Services) versandt.

Auskünfte und Beratung gab es über eine telefonische Service-Hotline und eine E-Mail-Adresse. Im mobilen (SharePoint-basierten) Intranet wurde ein Fragen-Antworten-Katalog angelegt. Zusammenarbeit lief vor allem über Microsoft Teams. Dort wurde auch ein neuer Kanal „Homeoffice Storys" eingerichtet, in dem die MitarbeiterInnen über ihren Homeoffice-Arbeitsalltag berichteten. Unter dem Hashtag #Vorfreude gaben MitarbeiterInnen der zwölf Casinos in (externen) Social Media eine Vorschau auf die Rückkehr an ihre Arbeitsplätze (Landsmann 2020).

Literatur

Bauer A (2020) Persönliche Information am 1. Juli 2020 von Andreas Bauer/Unternehmenssprecher Knauf

Blum C (2020) Persönliche Information am 20. Juni 2020 von Cornelia Blum/Leitung Kommunikation Universität Wien

Braun M (2020) Persönliche Information am 29. Juni 2020 von Michael Braun/Leiter Kommunikation bzw. Konzernsprecher Siemens Mobility Austria

Bundesministerium für Gesundheit (Hrsg) (2020) Coronavirus SARS-CoV-2: Chronik der bisherigen Maßnahmen. https://www.bundesgesundheitsministerium.de/coronavirus/chronik-coronavirus.html Zugegriffen: 12. Juni 2020

Deekeling E, Arndt S (2019) Change-Kommunikation in Unternehmen. In: Einwiller S, Sackmann S, Zerfaß A (Hrsg) Handbuch Mitarbeiterkommunikation: Interne Kommunikation in Unternehmen. Springer Gabler, Wiesbaden

Einwiller S (2020) Mitarbeiter „an der Front" fühlen sich weniger wertgeschätzt. https://blog.personal-manager.at/2020/05/13/mitarbeiter-an-der-front-fuehlen-sich-weniger-wertgeschaetzt-als-menschen-im-homeoffice/ Zugegriffen: 15. Juni 2020

Engelhardt K (2020) Yammer und Videos bei Henkel Austria und Austrian Airlines. https://prva.at/itrfile/_1_/b687351377e02dabe107b6ff41e7dd1e/Henkel.pdf Zugegriffen: 6. Mai 2020

Fremuth R (2020) Persönliche Information am 23. Juni 2020 von Raphaela Fremuth/External Communications & Public Affairs Manager Coca-Cola HBC Österreich

Gloyer U (2020) Persönliche Information am 23. Juni 2020 von Ulrike Gloyer/Corporate Communications Manager Henkel Central Eastern Europe

Hornsteiner M (2020) Digitalisierung durch Corona? Verbreitung und Akzeptanz von Homeoffice in Deutschland. https://idw-online.de/de/news744796 Zugegriffen: 1. Juli 2020

Keplinger K (2020) Persönliche Information am 10. Juni 2020 von Karin Keplinger/Teamleiterin Interne Kommunikation voestalpine AG

Landsmann M (2020) Persönliche Information am 24. Juni 2020 von Martina Landsmann/Abteilungsleiterin Public Relations & Corporate Media bei Corporate Communications der Unternehmensgruppe Casinos Austria – Österreichische Lotterien

Langeder N (2020) Persönliche Information am 23. Juni 2020 von Norbert Langeder/Leiter Kommunikation & Marketing STIWA Group

Lehenbauer D (2020) Persönliche Information am 30. Juni 2020 von Daniela Lehenbauer/Head of Marketing & Communications ÖBB Rail Cargo Group

Linhart L-M (2020) Homeoffice nach der Krise beibehalten? 93 Prozent sind dafür. https://www.karriere.at/blog/homeoffice-nach-corona-umfrage.html Zugegriffen: 1. Juli 2020

Lutz T (2020) Persönliche Information am 3. Juli 2020 von Thomas Lutz/Head of Communications von Microsoft Österreich

Macho S (2020) Persönliche Information am 23. Juni 2020 von Sandra Macho/Internal Communication Specialist Bosch-Gruppe Österreich

Mayer M (2020) Persönliche Information am 24. Juni 2020 von Miriam Mayer/Interne Kommunikation Österreichische Post AG

Mayr D (2020) Persönliche Information am 7. Juli 2020 von Daniel Mayr/Assistenz der Geschäftsführung der Santander Consumer Bank

Mayrhofer M (2020) Persönliche Information am 24. Juni 2020 von Martin Mayrhofer/Abteilungsleiter Interne Kommunikation, Human Resources & Organisationsentwicklung EVVA Sicherheitstechnologie GmbH

Medianet (Hrsg) (2020) Neuer Attensam-Werbespot holt Coronahelden vor den Vorhang. https://medianet.at/news/marketing-and-media/neuer-attensam-werbespot-holt-coronahelden-vor-den-vorhang-32870.html Zugegriffen: 2. Juni 2020

Meißner J, Schach A (Hrsg) (2019) Professionelle Krisenkommunikation. Basiswissen, Impulse und Handlungsempfehlungen für die Praxis. Springer Gabler, Wiesbaden

Moser-Guntschnig S (2020) Persönliche Information am 29. Juni 2020 von Susanne Moser-Guntschnig/Pressesprecherin und Leitung Public Relations REWE Group

Oberrauter-Zabransky B (2020) Umfrage: Österreicher im Home Office zufrieden. https://www.stepstone.at/Ueber-StepStone/pressebereich/umfrage-osterreicher-im-home-office-zufrieden/ Zugegriffen: 1. Juli 2020

Ornig S (2020) Persönliche Information am 22. Juni 2020 von Stefan Ornig/Interne & Externe Öffentlichkeitsarbeit dm drogerie markt

Pusswald S (2020) Persönliche Information am 16. Juni 2020 von Sven Pusswald/Leiter Konzernkommunikation ÖBB Holding

Rosenberger N, Niederhäuser M (2019) Unternehmensidentität als zentrale Bezugsgröße für das interne Kommunikationsmanagement. In: Einwiller S, Sackmann S A, Zerfaß A (Hrsg), Handbuch Mitarbeiterkommunikation: Interne Kommunikation in Unternehmen. Springer Gabler, Wiesbaden

Rücker G (2020) Persönliche Information am 24. Juni 2020 von Gerald Rücker/Teamleiter Interne Kommunikation EVN AG

Sagl S (2020) Persönliche Information am 20. Mai 2020 von Stefan Sagl/Leiter Kommunikation, Marketing und PR Donau-Universität Krems

Sartory B, Senn P, Zimmermann B, Mazumder S (2016) Praxishandbuch Krisenmanagement. Krisenbewältigung mit dem 4C-Konzept. 2. Aufl., Midas-Verlag, Zürich

Schiefer P (2020) Persönliche Information am 25. Mai 2020 von Peter Schiefer/Unternehmenssprecher Magenta Telekom

Schneider C (2020) Persönliche Information am 22. Juni 2020 von Christoph Schneider/Projektmanagement Attensam

Setznagel M (2020) Persönliche Information am 4. Juni 2020 von Markus Setznagel/Senior PR-Manager Corporate Communications Austrian Airlines

Spitz V (2020) Persönliche Information am 6. Juli 2020 von Verena Spitz/Vorsitzende Betriebsrat BAWAG P.S.K. Wien

Steinke L (2018) Kommunizieren in der Krise. Nachhaltige PR-Werkzeuge für schwierige Zeiten. 2. Aufl., Springer Gabler, Wiesbaden

Wagner S (2020) Österreich im digitalen Aufschwung, Horizont 20-21:10

Winkler M (2020) Persönliche Information am 1. Juli 2020 von Matthias Winkler/Geschäftsführer Sacher Hotels

Evaluation

Interne Kommunikationsmaßnahmen sind zu hinterfragen in Bezug auf Arbeits-unterstützung und Führungskommunikation sowie hinsichtlich der Nutzung und der Inhalte der einzelnen Medien.

3.1 Effizienz-Steigerung durch digitale Medien

Arbeitsunterstützung (mit Wissensvermittlung und Hilfestellungen) ist Ziel – vor allem digitaler – interner Medien. Abgesehen von Zugriffszahlen sollte hierzu die Effizienzsteigerung durch vereinfachte Administration, erweitertes Projekt-management und verbessertes Wissensmanagement hinterfragt werden (Rübesam 2018; Mindlab Digital Analytics Solutions 2020; Seibert 2020).

Zum generellen Informationsstand von MitarbeiterInnen gibt es in Arbeitsplatz-Zufriedenheitsumfragen Fragen/Antwort-Möglichkeiten wie zum Beispiel: „Ich fühle mich über die Entwicklungen, die unser Unternehmen betreffen, ausreichend informiert", „Der Informationsfluss zwischen den Mit-arbeitern funktioniert gut" (LamaPoll 2020). Diese Antwortmöglichkeiten geben keinen Aufschluss über die Wirkung und Nutzung der eingesetzten Medien.

Eine aktuelle Studie von Staffbase und der Universität Leipzig (Zerfaß et al. 2020) bei mehr als 370 Unternehmen im deutschsprachigen Raum ergab zu bereits erreichten Erfolgswerten als Folge digitaler interner Medien, dass sich 59,8 % der MitarbeiterInnen wertgeschätzt fühlen, 59,1 % Organisationsziele und -werte kennen und 54,2 % „immer über alle wichtigen Informationen verfügen".

3.2   Bewertung von Führungskommunikation

Arbeitsplatz-Zufriedenheitsumfragen geben auch über die Qualität der Führungskommunikation Auskunft (Bosch 2011; Domsch und Ladwig 2013; Gehring et al.
2015; Nürnberg 2017); mit Antwort-Möglichkeiten wie: „… sind glaubwürdig
und leben vor, was sie sagen", „… zeigen eine angemessene Anerkennung für
gute Arbeit" (LamaPoll 2020). Derartige Statements sagen aber nichts über das
mediale Instrumentarium aus, das von der Unternehmensführung bzw. den nachgelagerten Führungsebenen genutzt wird.

   Darüber hinaus ist Mitarbeitermitsprache wesentlicher Bestandteil gelungener
Führung. Kennzahlen dazu lassen sich aus Umfragen zur Arbeitsplatzzufrieden-
heit, Teilnahmezahlen bei Online-Umfragen zu einzelnen Themen (mithilfe
von Tools wie Google Drive oder Survey Monkey (Roth und Joos 2019)) oder
bei Frage-Antwort-Runden des Managements mit Unterstützung von Q &
A-Plattformen (Capterra 2020) gewinnen.

   Unternehmen, die aktiv Ideenmanagement betreiben, verfügen darüber hinaus
über Teilnehmerzahlen, die sich – vor allem bei Betrieblichem Vorschlagswesen
und Kontinuierlichem Verbesserungsprozess – gut mit Benchmarking-Werten
anderer Unternehmen vergleichen lassen.

3.3   Medien-Nutzung und -Inhalte

Motivation ist die Voraussetzung für Leistungsbereitschaft und Einsatzfreude,
und sie macht MitarbeiterInnen zu überzeugenden Botschaftern ihres Unternehmens (Ninova-Solovykh und Einwiller 2019); auch in Bezug auf Employer
Branding (Kremmel und von Walter 2019). Nicht nur die zur Verfügung gestellten
Informationen (zu Unternehmensidentifikation, Mitarbeiterbindung, Corporate
Identity und Mitarbeiter-Wertschätzung) (SCM et al. 2020), sondern auch die Art
und Weise, wie sie kommuniziert werden und wie interaktiver Austausch möglich
ist, wirken sich auf die Mitarbeitermotivation aus. Umfragen, die Aufschluss über
die Kommunikationskultur und zur inhaltlichen Treffsicherheit interner Medien
geben sollen (Engelhardt 2019), sollten Fragen stellen zu:

- **Erreichbarkeit:** Durch welches Medium bzw. von wem erhalten
  MitarbeiterInnen ihre Informationen? Wenn als Informationsquelle „Gerüchte-
  küche" weit vorne gereiht wird, ist das ein Alarmsignal für die Interne
  Kommunikation.

- **Nutzungsverhalten:** Welche Medien bevorzugen die MitarbeiterInnen? Bei digitalen Medien geben Zugriffszahlen nützliche Hinweise.
- **Aktualität:** Kommen wichtige Informationen zeitgerecht bei den Adressaten an?
- **Themeninteresse:** Welche Themen sind für die MitarbeiterInnen wichtig? Die Studie von Staffbase und der Universität Leipzig (Zerfaß et al. 2020) zeigte, dass die von Kommunikatoren bevorzugten Themen oft von jenen abweichen, die bei MitarbeiterInnen beliebt sind.
- **MitarbeiterInnen als Botschafter:** Verfügen die MitarbeiterInnen über ausreichend Informationen, um als Botschafter nach außen zu wirken?
- **Qualitativ:** Werden wichtige Informationen/Botschaften so übermittelt, dass MitarbeiterInnen sie als objektiv, glaubwürdig, mitarbeiterorientiert, interessant empfinden? Storytelling spielt hier eine sehr wichtige Rolle, ebenso Face-to-Face-Informationen mit Rückfragemöglichkeiten.

Um Umfragen zur Internen Kommunikation vergleichbar zu machen, empfiehlt sich das Hinterlegen mit Finanzkennzahlen zu Input (Budget und Personalaufwand), Output (Reichweiten, Erscheinungshäufigkeit usw.), Outcome (Werte zu Nutzung, Akzeptanz, Wissen usw.) und Outflow (Imagewerte, Werte zu Engagement und Mitarbeiterzufriedenheit usw.) (Fischer und Wagner 2012).

Rückschlüsse auf die Mitarbeitermotivation geben auch Zahlen zu Fluktuation und Krankenständen sowie Bewertungen von Arbeitgeber-Bewertungsplattformen (Dannhäuser 2015).

Mehr Bereitschaft zur faktenbasierten Evaluation interner Kommunikationsmaßnahmen wäre wünschenswert, um Entscheidungskriterien zu liefern und den Stellenwert der Internen Kommunikation zu festigen. Eine Studie zu Interner Kommunikation in Europa gibt an, dass 46 % Evaluation einsetzen; in der DACH-Region sind es nur 35,9 % der Unternehmen (SCM et al. 2020). In der Studie von Staffbase und der Universität Leipzig (Zerfaß et al. 2020) zeigte sich, dass zwar 58,7 % digitale Nutzungsdaten auswerten, gleichzeitig aber 56,4 % sich in Bezug auf Evaluation lieber auf Intuition bzw. Erfahrung verlassen. Die Argumente, die gegen Evaluation vorgebracht werden: fehlende Zielgrößen (61,4 %), mangelnde Ressourcen (62,6 %), keine nötigen Daten (52,1 %) – und Angst, dass die Evaluationsergebnisse nicht den Erwartungen entsprechen könnten (15,9 %).

Literatur

Bosch W (2011) Praxishandbuch Mitarbeiterbefragungen: Konzepte, Methoden und Vorgehensweisen für ergiebige und erfolgreiche Mitarbeiterbefragungen. Mit Mustervorlagen, Fragenkatalogen und zahlreichen übernehmbaren Mitarbeiterbefragungsbögen, Praxium, Zürich

Capterra (Hrsg) (2020) Die besten Slido Alternativen – Capterra Deutschland 2020. https://www.capterra.com.de/alternatives/154051/slido Zugegriffen: 6. Juni 2020

Dannhäuser R (2015) Praxishandbuch Social Media Recruiting. Experten-Know-How – Praxistipps – Rechtshinweise. 2. Aufl., Springer Gabler, Wiesbaden

Domsch ME, Ladwig D (Hrsg) (2013) Handbuch Mitarbeiterbefragung. 3. Aufl., Springer Gabler, Wiesbaden

Engelhardt K (2019) Erfolgreiche Mitarbeiterkommunikation für CEOs. Basics und Tools: CEO-Blog, Dialogrunden, Events, Mitarbeiterbeteiligung. Springer Gabler, Wiesbaden, S 27 – 29

Fischer A, Wagner M (2012) Maßnahmen-Controlling und Kennzahlen für Enterprise 2.0-Projekte. In: Dörfel L, Schulz T (Hrsg) Social Media in der Internen Kommunikation. SCM – School for Communication and Management, Berlin, S 205–2018

Gehring F, Schroer J, Rexroth H, Bischof A (Hrsg) (2015) Die Mitarbeiterbefragung. Wie Sie das Feedback Ihrer Mitarbeiter für den Unternehmenserfolg nutzen. Schäffer-Poeschel, Stuttgart

Kremmel D, von Walter B (2019) Employer Branding. In: Einwiller S, Sackmann S A, Zerfaß A (Hrsg) Handbuch Mitarbeiterkommunikation: Interne Kommunikation in Unternehmen. Springer Gabler, Wiesbaden

LamaPoll (Hrsg) (2020) Mitarbeiterbefragung: Beispiele, Regeln, Ziele und Nutzen. https://www.lamapoll.de/Mitarbeiterbefragung-1 Zugegriffen: 6. Juni 2020

Mindlab Digital Analytics Solutions (Hrsg) (2020) 8 Kennzahlen, die alles über Ihr Social Intranet verraten (inkl. Whitepaper). https://www.mindlab.de/8-kennzahlen-die-alles-ueber-ihr-social-intranet-verraten Zugegriffen: 7. Juni 2020

Ninova-Solovykh N, Einwiller S (2019) Mitarbeitende als Botschafter von Unternehmen. In: Einwiller S, Sackmann S A, Zerfaß A (Hrsg) Handbuch Mitarbeiterkommunikation: Interne Kommunikation in Unternehmen. Springer Gabler, Wiesbaden

Nürnberg V (2017) Mitarbeiterbefragungen: ein effektives Instrument der Mitbestimmung. Haufe Lexware Verlag, Freiburg

Roth A, Joos T (2019) Die besten Online-Umfragetools für Profis. https://www.pcwelt.de/ratgeber/Die_besten_Online-Umfragetools_-Fuer_kleine_Unternehmen-8237293.html Zugegriffen: 6. Juni 2020

Rübesam N (2018) Social Collaboration Studie 2017: Effizienzsteigerung durch Social Intranets. https://www.tixxt.com/de/social-collaboration-studie-2017-effizienzsteigerung-durch-social-intranets-2/Zugegriffen: 7. Juni 2020

SCM – School for Communication and Management, Staffbase GmbH, Kammann Rossi GmbH (Hrsg) (2020) Internal Communications Monitor 2020. https://interne-kommunikation.net/internal-communications-monitor-2020/ Zugegriffen: 29. Juni 2020

Seibert M (2020) Das Social Intranet: Zusammenarbeit fördern und Kommunikation stärken – mit Social Intranets mobil und in der Cloud wirksam sein. Seibert Media, Wiesbaden

Zerfaß A, Hagelstein J, Baab K, Klein L S, Kloss J (2020) Benchmarking Digitale Mitarbeiterkommunikation 2020: Empirische Studie zu Herausforderungen und Erfolgsfaktoren von Content-Management in der internen Kommunikation. Universität Leipzig & Staffbase, Leipzig – Chemnitz

Zusammenfassung

4

Digitale interne Medien (E-Mails, Interne Social Media, Mitarbeiter-Apps, Social Intranet, Webmagazine/Blogs, Digital Signage) sind aus der Internen Kommunikation nicht mehr wegzudenken. In der Covid-19-Krise beherrschten sie durch den Wegfall von Face-to-Face-Kommunikation die Interne Kommunikation fast zur Gänze und zeigten Trends für die Zukunft auf.

In administrativen Bereichen setzte sich Homeoffice (inklusive Videoconferencing und anderen digitalen Kommunikationstools) durch. Für Unternehmen mit MitarbeiterInnen ohne digitale Anbindung (wie Mitarbeiter-Apps) zeigte sich Nachholbedarf. SMS-Services, externe Websites, Infoscreens, Poster und Newsletter dienten als alternative Lösungen.

Videostreaming (für Fragen-Antworten-Runden) und Videos dominieren seit der Covid-19-Krise die CEO-Kommunikation. CEOs waren in der Krise als Galionsfiguren besonders gefragt.

Für nachgelagerte Führungsebenen bedeutet die verstärkte Nutzung digitaler Kommunikation tiefgreifende Änderungen des Führungsstils. Rund um die Teleworking-Situation entstanden während der Covid-19-Krise neue digitale Formate wie virtuelle Mittagessen und Afterwork-Runden (um den Wegfall persönlicher Kommunikation in den Teams abzufedern).

Interne Social Media – aber auch externe Social Media – bewährten sich beim Publizieren von „Heldenstorys" und Mutmacher-Berichten und beim Austausch zwischen unterschiedlichen Arbeitsplätzen und über Ländergrenzen hinweg.

Gedruckte Mitarbeiterzeitschriften wurden hinterfragt – teils indem ihr Erscheinen ausgesetzt wurde, teils indem sie durch Online-Medien ersetzt wurden.

Verstärkte Evaluation von Interner Kommunikation wäre angesichts der aus der Covid-19-Krise resultierenden Änderungen wünschenswert.

K. Engelhardt, *Interne Kommunikation mit digitalen Medien,* essentials, https://doi.org/10.1007/978-3-658-31493-4_4

Was Sie aus diesem *essential* mitnehmen können

- Hinweise zu aktuellen Entwicklungen der Internen Kommunikation
- Tipps für digitale Krisenkommunikation
- Anmerkungen zur Evaluation Interner Kommunikation
- Praxisbeispiele von 24 namhaften Unternehmen: Austrian Airlines, Coca-Cola, Henkel, Magenta Telekom, ÖBB, Österreichische Post, REWE Group, Bosch-Gruppe, Siemens, voestalpine usw.
- Literaturhinweise zur vertiefenden Beschäftigung

© Der/die Herausgeber bzw. der/die Autor(en), exklusiv lizenziert durch Springer Fachmedien Wiesbaden GmbH, ein Teil von Springer Nature 2020
K. Engelhardt, *Interne Kommunikation mit digitalen Medien,* essentials, https://doi.org/10.1007/978-3-658-31493-4

Weiterführende Literatur

Buchholz U, Knorre S (2018) Interne Kommunikation in agilen Unternehmen. Springer Gabler, Wiesbaden

Einwiller S, Sackmann S, Zerfaß A (Hrsg) (2019) Handbuch Mitarbeiterkommunikation: Interne Kommunikation in Unternehmen. Springer Gabler, Wiesbaden

Führmann U, Schmidbauer K (2016) Wie kommt System in die interne Kommunikation? Ein Wegweiser für die Praxis. 3. Aufl., Talpa Verlag, Potsdam

Jecker C (Hrsg) (2018) Interne Kommunikation: Theoretische, empirische und praktische Perspektiven. Herbert von Halem Verlag, Köln

Mast C (2020) Interne Unternehmenskommunikation: Mitarbeiter und Führungskräfte informieren und motivieren. In: Zerfaß A, Piwinger M, Röttger U (Hrsg) Handbuch Unternehmenskommunikation. 3. Aufl, Springer Gabler, Wiesbaden

Montua A (2020) Führungsaufgabe Interne Kommunikation: Erfolgreich in Unternehmen kommunizieren – im Alltag und in Veränderungsprozessen. Springer Gabler, Wiesbaden

Nowak R, Roither M (Hrsg) (2016) Interne Organisationskommunikation: Theoretische Fundierungen und praktische Anwendungsfelder. Springer, Berlin

Schick S (2014) Interne Unternehmenskommunikation. Strategien entwickeln, Strukturen schaffen, Prozesse steuern. 5. Aufl., Schäffer-Poeschel Verlag, Stuttgart

SCM – School for Communication and Management (Hrsg) (2018) Intranet: Marktübersicht und Trends 2019. SCM – School for Communication and Management, Berlin

SCM – School for Communication and Management (Hrsg) (2018) Social Intranet 2018: Ratgeber mit Trends – Themen – Tipps. SCM – School for Communication and Management, Berlin

SCM School for Communication and Management (Hrsg) (2019) Studie: Die Zukunft der Mitarbeiterzeitung 2019. SCM – School for Communication and Management, Berlin

SCM School for Communication and Management, Staffbase GmbH (Hrsg) (2019) Trendmonitor Interne Kommunikation 2019: Wandel und Professionalisierung. Schwerpunkte zu den Themen Digitale Trends und Rolle im Unternehmen. SCM – School for Communication and Management, Berlin

SCM School for Communication and Management, Staffbase GmbH (Hrsg) (2019) Trendmonitor Interne Kommunikation 2019: Umfassende Bestandsaufnahme. SCM – School for Communication and Management, Berlin

SCM – School for Communication and Management, Staffbase GmbH, Kammann Rossi GmbH (Hrsg) (2020) Internal Communications Monitor 2020. https://interne-kommunikation.net/internal-communications-monitor-2020/ Zugegriffen: 29. Juni 2020

Spachmann K, Huck-Sandhu S (2020) Von der Mitarbeiterinformation zu Orientierung und Enabling. Ergebnisse der Langzeitstudie interne Kommunikation 2008 bis 2018. PR Magazin 51(3):68-78

Staffbase GmbH (Hrsg) (2020) Studie interne Krisenkommunikation. So verändert Covid-19 die Mitarbeiterkommunikation in Unternehmen. https://insights.staffbase.com/de/whitepaper/studie-interne-krisenkommunikation Zugegriffen: 13. Juli 2020

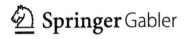

Printed in the United States
By Bookmasters